유아 국악지도 방법론

임신화 지음

교육아카데미

머 리 말

"유아 국악지도 방법론"은 유아들에게 국악 기초이론과 장구를 유아들의 눈높이에 맞춰 지도할 수 있도록 방법을 소개한 유아국악 기본 이론서입니다.

초기 유아 국악교육은 서양음악에 우리음악을 대입시키는 방법으로만 프로그램을 만들었고, 그 프로그램을 가지고 유아들에게 교육하다보니 많은 우려를 가지게 되었습니다. 현장에서 유아들을 지도하면서 겪었던 어려움들, 국악전공자들이 유아국악 지도 시 범하는 실수, 유치원 교사들이 유아 국악 교육 시 실기작품 중심으로 하는 것 등 잘못된 교육방법을 보면서 실기 작품 위주가 아닌 국악교육 방법이 부족함을 알았습니다. 그래서 국악지도 방법을 연구하고, 연구한 과정들을 유치원 현장에서 직접 실습하며 유아교육과 학생들을 지도해 본 내용을 바탕으로 국악교육 방법을 쓴 교재입니다.

본 교재의 내용은 유아국악 이야기나누기를 통해 유아들의 눈높이에 맞춰 국악의 기본이론을 알아보고, 장구 구조를 다양한 방법을 통해 탐색해 보고, 유아들이 쉽게 볼 수 있는 유아 장구 기보법을 알아보고, 직접 장구치기를 해보고, 유아들에게 필요한 장단을 익히는 방법으로 나누어 편성하였습니다. 다른 교재와는 달리 국악교육 방법을 제시한 것이 특징입니다. 부록에는 유치원에서 국악교육을 할 때 활용해 볼 수 있는 장구 주제별 교육계획안, 연간교육계획안, 음악교과서 국악제재곡, 칠교놀이, 강강술래, 탈춤, 학습자료 등을 간단하게 소개하였습니다.

"유아 국악지도 방법론"은 유아뿐 아니라 초등과정에서도 사용할 수 있고, 국악을 처음 접하는 과정이나 장구 기초과정을 지도할 때도 사용할 수 있으며, 평생교육원이나 국악교양 수업 시에도 활용할 수 있습니다.

본 교재가 유아교육을 전공하는 학생, 국악과 학생, 유아국악을 지도할 선생님들, 교육대학에서 국악을 지도할 때, 초등 방과후 지도 시 유용한 자료가 되기를 바랍니다. 좀 더 많은 실기 작품을 제시하지 못한 아쉬움과 장구교육에만 중점을 둔 부족한 면이 있으나 앞으로 더 깊고 다양하게 연구해서 보완할 계획입니다.

지금까지 나와 함께 했던 유치원 친구들, 교사들, 유아교육과 학생들, 국악과 학생들, 보육교사 학생들에게 감사하며 즐겁게 강의에 임해 준 모든 분들에게 감사의 마음을 전합니다.

항상 도와주시고 격려해 주는 나의 엄마, 아빠, 시어머니, 나의 멋진 신랑, 나의 사랑 덩어리 리나, 희중 고맙고 사랑합니다.

또 처음부터 지금까지 사랑해 주시고 나의 유일한 가야금 스승이신 문재숙 교수님, 유아국악을 지도해 주시고 많은 경험을 할 수 있게 도와주신 정성자 교수님, 처음으로 유아교육과에서 국악수업을 할 수 있게 해주시고 항상 맛있는 밥 챙겨주시는 송만영 교수님, 이 책을 쓸 수 있도록 격려해 주시고 다양한 지식을 습득하게 해주신 송혜진 교수님께 감사를 드리며 부족한 원고를 잘 정리해 주신 교육아카데미 김의용 사장님께 감사의 마음을 전합니다.

2010년 8월 햇빛이 풍성한 더운 여름
유치원 친구들과의 소중한 추억을 기억하며
저 자

차 례

제Ⅰ부 유아 국악

제Ⅱ부 장구 탐색

I 유아 국악

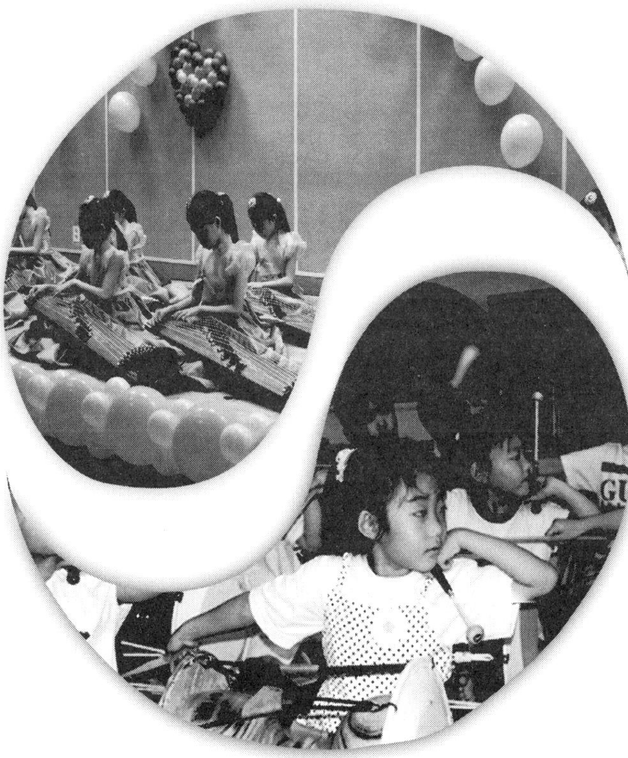

현재 국악교육 중 유아 국악 프로그램이 정립된 것이 많이 부족합니다. 그래서 본 교재에서는 유아들과 경험한 것들을 중심으로 국악 지도방법을 전개해 보려고 합니다. 이야기나누기를 통해 직접 교육한 실례를 들어 여러분의 유아국악교육에 도움이 되고자 합니다.

"국악은 무엇일까?"라는 질문에 바로 대답할 수 있는 사람이 몇 명이나 될까요. 아마 이런 질문을 받으면 당황할 것입니다. 우리 음악이 어떤 것인지 어떻게 되어있는지 모르는 선생님들도 많을 것입니다. 알고 있어도 어떻게 국악을 교육해야 할지도 모르구요. 이러한 현상은 지금까지 우리 음악에 대해 교육을 받을 기회가 적었고 특히 유아 국악교육에 대해 체계적인 학습 방법으로 배우지 않았기 때문입니다.

점진적으로 다양하게 국악의 저변확대가 이루어지고 국악 교육적 측면에서 활발하게 발달하고 있습니다. 국악 전담 교사들의 수업, 사물악기 구비, 교육과정에서의 국악 도입, 많은 유아 국악 프로그램, 교재 등 그러나 이러한 정보는 실기위주 특히 장구실기 수업에 중점을 두고 있는 실정입니다. 이러한 상황에서 선생님들에게 유아 국악교육을 유아들의 눈높이에 맞춰, 이야기나누기를 통해, 원리를 이해하는 교육을 통해, 실제 유치원에서의 유아들의 실례를 통해 국악의 이해와 원리를 이용한 장구·장단 지도를 위한 프로그램을 소개해 보려고 합니다. 먼저 유아들에게 우리 국악의 기본적인 이론을 실례를 들어 접근해 보고, 장구를 치기 전에 장구를 탐색하고, 노래 부르고, 동화를 들어보고, 편지도 써보고, 게임도 해봅니다. 그런 후 유아의 눈높이에 맞는 유아 장구 기보법을 통해 장구 악보 읽는법을 익히고 장구채 잡는 방법, 치는 방법, 리듬치기를 배운 후 유아들에게 필요한 기본 장단을 익혀보도록 하겠습니다.

1. 이야기나누기

선생님들이 국악을 지도할 때 가장 어렵게 생각하는 것은 무엇인가요? 제가 교사들을 지도해 보았을 때 가장 어려워하는 것은 처음에 국악을 어떻게 접근할까? 였습니다. 이것은 국악을 너무 어렵게 생각하고 선생님이 알고 있는 지식을 설명하려고 하기 때문입니다. 저는 국악을 지식을 전달하는 방법보다는 유아들이 알고 있는 국악을 이야기나누기를 통해 접근한 후 유아들이 인지하고 있는 국악의 내용 안에서 범위를 구분하여 정리해 주는 방법으로 접근하였더니 유아들의 호응이 무척 좋았습니다.

그럼 먼저 국악교육 지도방법을 알아보겠습니다.

국악교육 지도방법에는 4가지가 있는데 프로그램을 진행할 때 4가지 교육방법을 활용해서 지도해 보세요.

① 시범을 통한 수업

민요, 장구, 소고, 전래 놀이 등 교사가 직접 연주해서 시범을 보여준다.

② 창의성 개발을 위한 수업

아동들과 함께 하는 여러 리듬들을 유아들이 좋아하는 언어들로 창작하게 하면 효과적이다.

③ 탐구성 개발을 위한 수업

학기별로 탈춤, 장구, 전래놀이, 강강술래 등 주제를 정해 순차적으로 진행하는 것이다.

④ 다양한 교수학습 자료에 의한 수업

직접 접할 수 있는 것들을 비디오 등을 통해 보여주고 악기를 관람 할 수 있는 국악원 견학, 악기를 직접 만드는 악기 제작사 견학 등이 있다.

1) 유아들과 국악 이야기나누기

처음 국악 이야기를 시작할 때 가장 먼저 하는 방법은 유아들이 알고 있는 국악을 모두 이야기하게 유도하는 방법입니다. 노래·춤·악기 등 유아들이 자유롭게 이야기하게 한 후 이야기한 내용을 정리해 주고 잘못 알고 있는 것들은 수정해 주는 방법입니다.

다음의 예는 수업시간에 유아들과 국악에 대해 이야기나누기한 것입니다. 그 내용을 정리해서 활동의 예로 제시해 보겠습니다.

☯ 활용방법1

【국악이야기】

교사: 애들아 국악이 무엇일까?
유아: 노래하는 거요.
부채 들고 하는 거요.
장구치는 거요.
한복입고 부채 들고, 머리에 뭐 쓰고 도는 거요.
할머니 들이 하는 거요. 등
교사: 어디서 봤니?
유아: T·V에서요.
형님들 하는 거요.
민속촌에서요.
놀이 동산에서요.
컴퓨터에서요.
재롱잔치 때요.
교사: 그럼 우리나라 노래에는 어떤 것이 있을까?
유아: 한복입고 부채 들고 "으으" 하는 거요.
"아리랑"이요.
교사: 그럼 우리나라 악기에는 어떤 것이 있을까?
유아: 장구·소고·북·바이올린·피아노·가야금·피리·탬버린이요.
교사: 그럼 우리나라 춤에는 어떤 것이 있을까?

유아: 부채춤이요.

교사: 그럼 우리나라 놀이에는 어떤 것이 있을까?

유아: 그네뛰기 · 딱지치기 · 연날리기 · 제기차기요.

선생님들도 이런 방법으로 국악의 첫 수업을 시작해 보세요.

유아들은 우리가 알고 있는 것 보다 훨씬 다양한 방법으로 국악을 알고 있었고 적극적이었으며 재미있어 하였습니다. 특히 국악을 수업하는 유치원의 유아들은 더욱 적극적이었습니다.

다음의 방법은 노래와 악기 · 춤 · 놀이 등으로 구분하여 구체적으로 질문을 하였습니다. 처음에 몇몇의 유아들만 관심을 가졌으나 노래 · 악기 · 춤 · 놀이로 구분하여 구체적으로 질문하자 적극적으로 참여하였습니다. 처음에는 유아들이 알고 있는 국악을 모두 이야기하게 하고 그 다음에는 구체적으로 노래 · 악기 · 춤 · 놀이로 구분하여서 질문하였더니 효과적이었고 참여도가 높았습니다.

그리고 현재 유치원에서 선생님들이 국악수업을 하고 있는 유치원과 그렇지 않은 유치원의 유아들의 반응도는 약간의 차이가 있었습니다.

유아들은 우리나라 노래에 대해 아는 것이 거의 없었고 판소리를 노래하는 형태를 연상하여 대답하였으며 민요나 국악동요에 대해서는 거의 알지 못했습니다. 몇 몇 유아들은 진도아리랑의 후렴 부분 "아리 아리랑 쓰리 쓰리랑" 정도만 알고 있었습니다.

악기는 우리가 알고 있는 사물놀이 악기(장구 · 북 · 징 · 꽹과리)와 소고는 잘 알고 있었고 다른 악기는 잘 알지 못했습니다. 서양악기와 국악기 구분도 어려웠습니다.

우리나라 춤 또한 전통춤은 알지 못했고 창작춤에 대해서만 한두 개 아는 정도였습니다.

전래놀이는 유치원 선생님들이 교육을 통해 알고 있어서 유아들에게 지도를 많이 하였고 유아들도 친근해 하였습니다.

다음은 효과적이고 구체적인 지도방법을 알아보도록 하겠습니다.

2. 노래

유아들과 나눈 여러 가지 국악 이야기를 노래 · 악기 · 춤 · 놀이로 구분하여 내용을 정리를 해주는 방법이 있고 그 내용들을 유아들이 많이 아는 곡을 통해 노래로 익히는 방법이 있습니다.

먼저 효과적인 노래지도를 위한 방법을 알아보도록 하겠습니다.

유아들에게는 아리랑 · 도라지 · 옹헤야 · 군밤타령 · 진도아리랑 · 쾌지나칭칭나네 등의 빠르고 후렴구가 재미있는 민요를 감상시키는 것이 효과적이고, 장단은 세마치 · 자진모리 장단을 흥겨워하였습니다.

또 유아들이 우리 노래라고 알고 있는 판소리를 들려주고 흉내를 내보도록 하는 방법이 있습니다. 소리도 흉내내보고 그 소리를 그림으로 그려보게 하는 방법들입니다. 수업 중에 "쑥대머리"를 들려주었더니 유아들이 "이상해요", "으으으 그래요", "흔들려요"하면서 재미있어 하였습니다. 처음 들어보는 판소리였지만 유아들은 진지하게 감상하였고 국악의 특징인 농현을 잘 알아듣고 표현하며 재미있어 하였습니다.

또 유아들에게 적합한 국악 동요들을 찾아서 감상하게 하는 방법도 있는데 국립국악원에서 주체한「국악동요제」책에 나와 있는 재미있는 곡들을 들려주는 방법입니다. 판소리(사랑가, 놀부심술) · 민요 · 시조 · 국악동요 · 다양한 아리랑 등을 활용할 수 있습니다.

☯ 활용방법 1

【우리노래】

우리노래

임신화 개사
임신화 편곡

우리노래는 민요 중 "옹헤야"를 편곡한 곡으로 가사를 통해 우리노래를 익히게 하는 방법입니다.

☯ 활용방법 2

우리노래를 익힐 수 있는 곡들을 소개해 보겠습니다.

① 아리랑

아리랑

② 진도아리랑

진도아리랑

③ 자진강강술래

자진강강술래

자진모리

진도 민요

④ 구음 풍물놀이

구음 풍물놀이

김상철 작사
김상철 작곡

자진모리

〈꽹과리〉
〈장구〉
개갠 지개갠 지개갠 지개갠 장 고소 리후르르딱쿵 단 비오시는반가운소리
〈구음〉
〈장구〉
〈구음〉
덩 따궁따 덩 따궁따 덩 따궁따 덩 따궁따 덩 따궁따따궁따따궁따
〈장구〉
〈구음〉
덩 따궁따따궁따따궁 따 궁따따궁따따궁따따궁따따 궁따따궁따따궁따따궁 따
〈장구〉
〈징〉
궁따따궁따따궁따따궁따따 궁따따궁따따궁따따궁따 징 소리는 은 은한게
〈구음〉
〈징〉
모든 소리 모 아주네 지징 징 징 – 지징 징 징 –
〈구음〉
〈징〉
〈구음〉
지징 지징 지징 지징 지징 웃징 지징 징
〈징〉
〈구음〉
〈징〉
지징 웃징 지징 징 징 – 징 지– 징 – 징 지–

북: 둥 둥 둥 딱　　둥 두둥 둥 딱　　둥둥둥 둥두두둥　　두둥두둥 둥딱

장구: 덩따궁따 덩따궁따　　덩따 궁따따 궁따따 궁따　　궁따따 궁따따 궁따따 궁따따
궁따따 궁따따 궁따따 궁따

징: 지징 징 징　　지징 지징　　지지읏징 지징징　　징 징지

꽹과리: 갠지갠지 갠지개갱　　갠 개갠 갠지 개갠　　개갠지 개갠지 개갠지 개갠
개갠지 개갠지 개갠지 개갠

3. 악기

이번에는 악기에 대해 알아보겠습니다.

우선 유아들이 알고 있는 악기를 모두 말하게 한 후 국악기와 서양악기를 구분시켜서 알려주고 치는 원리에 따라 구분하게 할 수 있습니다. 또 감상악기를 통해 악기 모양의 특징을 살펴보고 그림그리기를 통해 우리나라 악기에 대해 흥미를 갖게 하는 방법입니다. 또 다른 방법은 관악기·현악기·타악기를 구분해 보는 방법이 있습니다. 8음에 의한 구분은「증보문헌비고」책에 나온 분류법인데 8가지 재료에 의한 분류입니다. 금(金)·석(石)·사(絲)·죽(竹)·포(匏)·토(土)·혁(革)·목(木) 악기의 주재료가 무엇인가로 구분하는 방법입니다.

1) 국악기·서양악기 구분

유사 악기를 통해 우리나라 악기와 서양악기를 구분하도록 하고 유아들이 쉽게 다룰 수 있는 타악기를 위주로 지도합니다.

유사 악기의 예들은 다음과 같습니다.

장구와 작은북을 연결할 수 있는데 이 두 악기는 두개의 채를 양손에 쥐고 두드려서 소리를 내고 가죽을 두드리는 공통점이 있습니다. 그래서 장구의 왼손, 오른손의 역할을 대신할 수 있습니다. 바라와 심벌즈는 악기를 서로 부딪쳐서 소리를 내며 쇠로 만든 공통점이 있습니다. 북과 큰북은 하나의 채로 가죽으로 된 몸통을 두드려서 소리 내는 공통점이 있습니다. 꽹과리와 트라이앵글은 쇠 소리가 나고 하나의 채를 가지고 몸을 두드려서 소리 내는 공통점이 있습니다.

이밖에 피리-오보에, 교방고-팀파니, 양금-실로폰, 태평소-트럼펫, 소금·대금-플룻, 단소-리코더, 가야금-하프, 해금-바이올린 등이 있습니다.

위의 예는 국악기와 서양악기의 구분을 악기의 소재나 치는 원리에서 공통점을 찾아본 것입니다. 이밖에도 여러 가지 악기를 가지고 유아들과 같이 찾아보는 방법도 좋은 방법입니다.

〈교방고〉

〈양금〉

소고 — 탬버린

장구 — 작은북

꽹과리 — 트라이앵글

바라 — 심벌즈

북 — 큰북

목탁 — 우드블럭

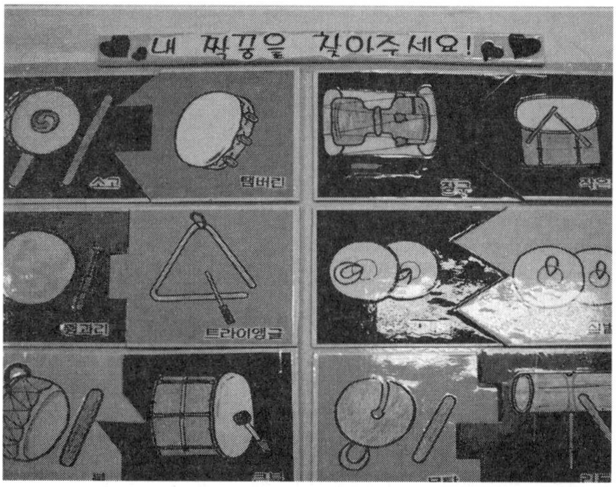

☯ 활동방법 1

【국악기 · 서양악기 구분】

여러 악기를 전시한 후 국악기와 서양악기 구분, 모양이 비슷한 악기 분류, 현악기 · 관악기 · 타악기 구분, 악기를 보여주고 연상되는 그림그리기, 악기에 이름붙이기 등을 할 수 있습니다.

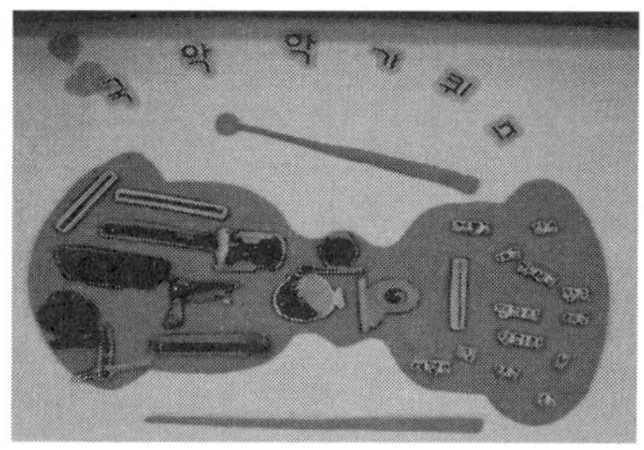

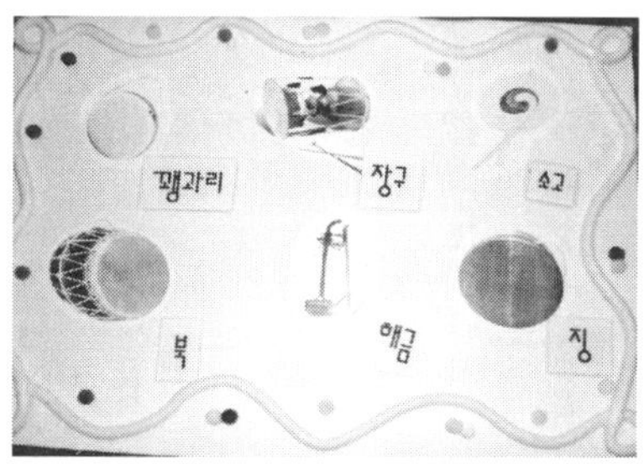

2) 유아 감상악기

다음은 국악기 중에서 유아들에게 감상하게 할 수 있는 악기들을 소개해 보겠습니다.

여러 국악기 중에서 악기의 모양이 특이한 악기를 보여주고 연상되는 사물을 말해보는 방법인데 이런 방법을 통해 새로운 국악기에 대해 친근감을 느끼게 되고, 직접 다뤄보지는 못하지만 우리 악기에 대해 호기심을 가지고 흥미를 유발하게 할 수 있기 때문입니다.

유아 감상악기는 다음과 같습니다.

나각 · 훈 · 소 · 부 · 축 · 어 · 운라 · 편종 · 편경 · 생황 · 박 · 자바라 · 비파 등인데 유아들은 악기의 사진을 보고 매우 흥미로워했습니다.

악기 사진을 보여주고 이야기를 해보았는데 나각을 보고 "소라랑 똑같다"라고 하였으며, 훈은 복숭아, 사과, 공, 항아리, 물 따르는 것, 주전자, 목탁, 축구공, 소는 가마, 바지, 하모니카, 모자, 부는 항아리, 축은 절구통, 어는 호랑이, 운라는 접시 생황은 하프, 화분, 나무막대, 박은 야구장갑, 북은 동그라미, 바퀴, 동그란 내 얼굴, 큰 구술, 바라는 호떡 찍는 거, 냄비, 옛날 모자, 냄비뚜껑, 목걸이, 밀짚모자라고 하며 매우 좋아하였습니다. 악기 이야기를 통해서 유아들은 악기가 참 신기하게 생겼다고 하면서 흥미롭게 생각했습니다. 아래 그림을 참고해서 재미있게 수업해 보세요.

나각 — 소라

훈 — 복숭아, 항아리

소 — 하모니카

어 — 호랑이

〈나각〉

〈훈〉

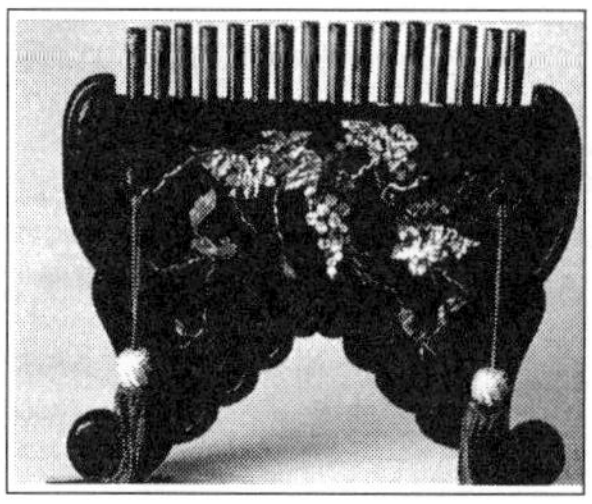

〈소〉

〈어〉

☯ 활용방법 1

【악기 모양】

악기 모양

임신화 작사
임신화 작곡

☯ 활용방법 2

부는 진흙을 구워서 만든 화로 모양의 타악기로 여러 가닥으로 된 대나무 채(견죽)로 부의 가장자리를 쳐서 소리 내는 악기이다. 언제 들어 온 악기인지 확실하지 않으나 세종 때 악기를 정비하여 사용되었다고 한다. 특별한 음은 없으며 매 박자에 엇박으로 연주한다.

축은 고려 예종 때 중국 송나라에서 들어온 타악기이다. 네모난 상자 모양에 윗면에 구멍이 뚫려 있고 구멍 속에 나무 방망이가 세워져 있는데 이 방망이로 바닥을 내리쳐서 소리를 내는 악기이다. 소리는 '딱딱'하는 나무소리의 둔탁하고 단순한 소리가 난다. 축은 시작을 알리는 악기이며 항상 음악의 끝을 알리는 '어'와 함께 사용되며 동쪽에 위치한다.

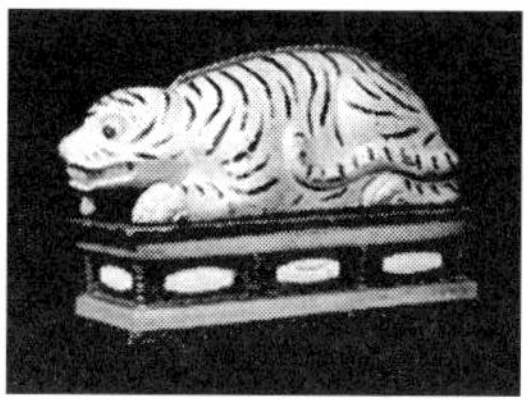

어는 엎드린 호랑이 형상의 악기로 '축'과 함께 고려 때부터 사용해 온 타악기의 하나이다.

호랑이가 엎드려 있는 모양을 한 나무 조각의 등 부분에 27개의 톱니를 길게 깎아 놓아 호랑이의 머리부분과 이 톱니 부분을 대나무채로 치거나 긁어서 소리를 낸다. 어채(견죽)는 9개 가닥의 대나무채로 쪼개어져 있으며 쪼개어진 갈래만큼 찰찰거리면서 흩어지는 소리를 낸다. 어는 축과 함께 제례음악에 주로 쓰이며, 음악의 끝을 알리는 악기로 항상 서쪽에 위치한다.

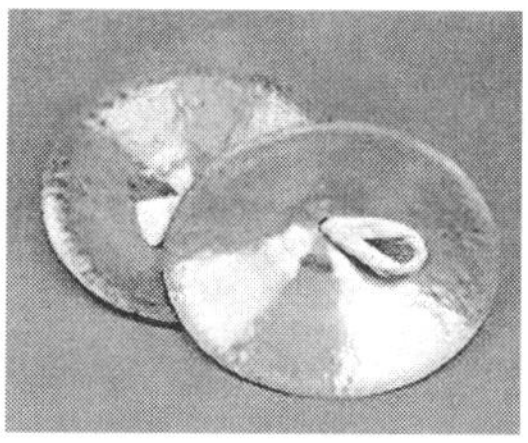

바라는 일명 자바라, 제금이라고도 부른다.

얇은 놋쇠로 된 2개의 원반을 양손에 들고 서로 부딪쳐서 소리 내는 타악기로 고려시대부터 전해졌으며 대취타와 불교 무용음악에 쓰인다.

박은 40cm길이에 여섯 개의 단단한 나무 조각을 엮어서 만든 타악기로 두 손으로 양쪽을 잡고 벌렸다가 오므리면서 소리를 낸다. 마치 부채를 펴는 것처럼 벌렸다가 닫는 모습이며, 치면 단단한 나무 소리와 같은 단아한 소리가 난다. 박은 관현합주에서 시작과 끝을 알리는데 사용되며, 악절의 변화와 춤사위의 변화를 알리는 지휘 역할을 하는 악기이며 궁중음악의 연주에서는 지휘자의 역할을 한다. 박을 연주하는 사람은 '집박'이라고 한다.

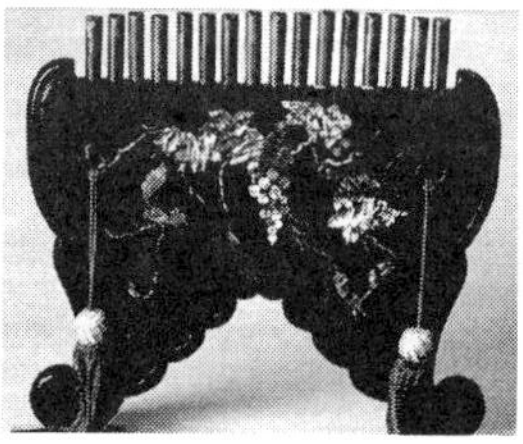

소는 고려 예종 때 송나라에서 들여와 궁중아악에 쓰였다. 16개의 죽관을 엮어 나무틀에 나란히 꽂고 각 관의 끝을 밀로 막아 위의 취구로 소리 낸다. 악기모양이 봉의 날개를 형상하므로 '봉소'라고도 한다. 이 악기는 악기의 음이 곱고 맑지만 한 관에서 한음만 얻을 수 있으며 연결된 음을 내기는 어렵다.

나각은 자연생 소라의 끝부분을 잘라 취구를 만들어 소리를 낸다. 음정의 변화가 없고 단일음을 낸다. 군악, 대취타에 쓰인다.

훈은 밑이 평평한 동그란 모양으로 윗부분에 취구가 하나있고 지공은 앞쪽에 3개 위쪽에 2개로 5개의 지공이 있다. 음색이 부드럽고 신비감이 있는 소리를 낸다.

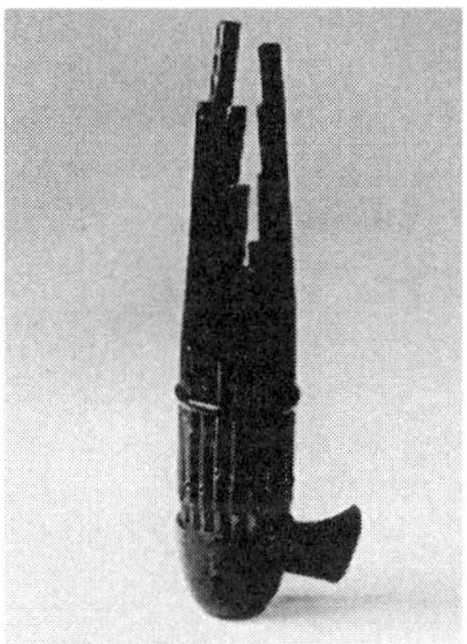

생황은 박통 속에 쇠청을 붙인 17개의 죽관을 나란히 꽂아 놓은 악기로 박통 옆에 달린 취구로 입김을 불어넣거나 들이 마시며 소리를 낸다. 우리나라 악기 중 유일하게 화음을 낼 수 있는 악기이다.

운라는 접시 모양의 작은 징 10개를 매달아 놓고 나무로 된 작은 망치로 쳐서 소리를 낸다. 두께에 따라 음 높이가 다르다. 취타계열의 음악에 사용하던 악기이다.

〈편종〉

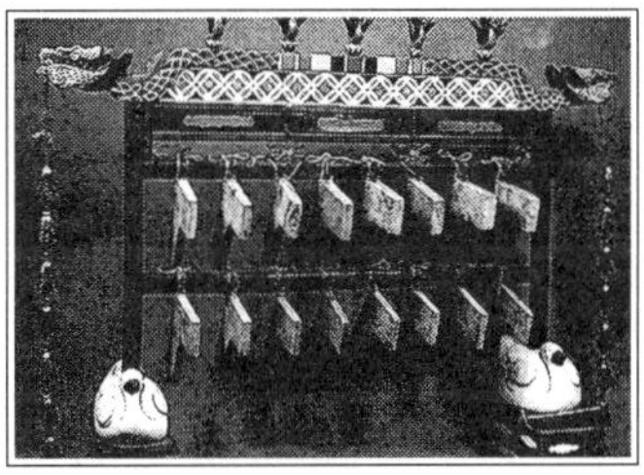

〈편경〉

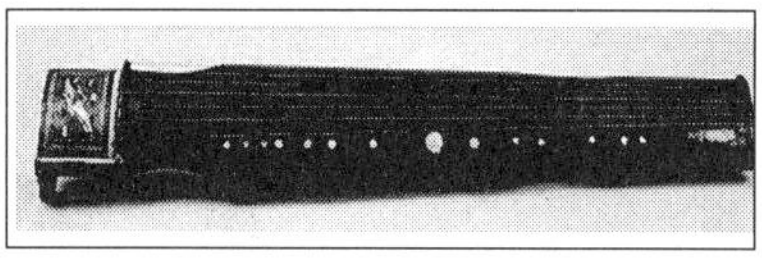

〈금〉

〈슬〉

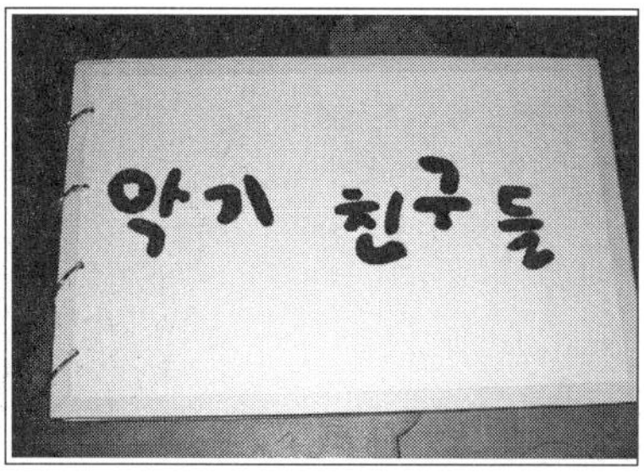

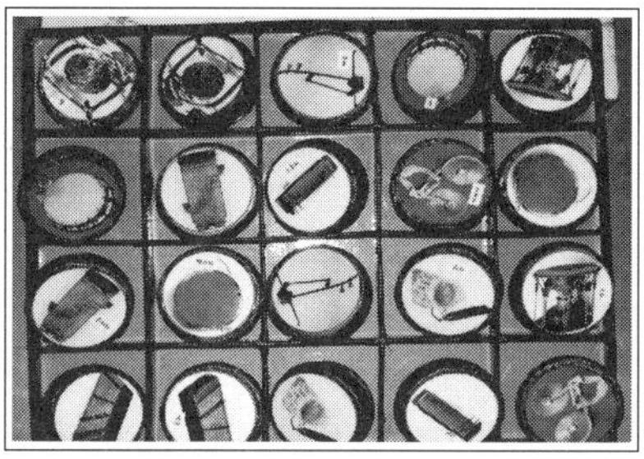

3) **관악기 · 현악기 · 타악기 구분**

다음은 관악기 · 현악기 · 타악기의 구분인데 관악기는 관을 이용해서 현악기는 줄을 이용해서 타악기는 두드려서 내는 악기의 구분입니다.

❀ 관악기-대금, 소금, 단소, 피리 등
❀ 현악기- 가야금, 거문고, 아쟁 등
❀ 타악기-장구, 북, 징, 소고, 꽹과리 등

☯ 활용방법 1

【사물악기 비교】

〈표 1〉 사물악기 비교

사물악기	상징	소리	동물	특징
꽹과리	별	번개	토끼	가락을 쪼갠다
장구	인간	비	말	가락을 쪼갠다
풍물북	달	구름	곰	여백을 매꾸고 기본박을 채워줌
징	해	바람	호랑이	장단을 감싸준다.

☯ 활용방법 2

꽹과리는 일명 쇠, 매구, 깽매기라고도 불리는데 징보다 훨씬 작은 모양을 하고 있는 타악기이다.

꽹과리는 왼손에 악기를 들고 오른손으로는 단단한 나무를 깍아서 만든 채로 쳐서 소리 낸다.

연주법은 크게 대점을 칠 때는 꽹과리 복판과 직각이 되게 치며 잔가락을 칠 때는 복판과 나란히 굴려서 친다. 소리를 올려서 칠 때는 왼손바닥을 꽹과리 안쪽에서 떼고 치고 소리를 끊어서 칠 때는 왼손 바닥을 꽹과리 안쪽에 붙이고 친다. 꽹과리는 '장구'와 함께 가장 중요한 장단 연주 악기의 하나로 특히 풍물놀이와 사물놀이에서는 주도적인 역할(상쇠)을 한다. '꽹과리'는 사물놀이에서 번개를 의미한다.

장구는 채로 치는 북이라는 뜻으로 우리나라의 북 계통의 악기를 대표하는 매우 중요한 장단(리듬) 악기이다. 정악은 물론 민속악, 춤장단, 민요, 사물놀이 등 매우 광범위하게 쓰이는 타악기 중 하나이다.

장구는 채편과 북편(궁편)이 있는데 채편은 가죽이 얇고 높은 소리를 내며 북편은 가죽이 두꺼워 낮은 소리를 낸다. 오동나무로 된 장구통을 가운데 두고 그 위로 줄과 줄 사이에 가죽으로 된 조이개(부전)이 있다. 조이개(부전)를 좌우로 움직임으로써 소리의 강약을 조절하게 된다. 장구의 오른쪽은 오른손으로 채(열채)를 잡고, 왼쪽은 왼손으로 궁구리채(궁채)를 잡고 친다.

장구는 사용 용도에 따라서 앉아서 치기도 하고, 끈으로 어깨에 메고 서서 연주하기도 한다. 장구는 사물놀이에서 비를 의미한다.

풍물북은 풍물놀이에 사용하는 북을 말한다. 일반적으로 북이라고 하는 풍물북은 어깨에 메고 춤을 출 때 쓰이고 앉아서 치는 사물놀이에도 쓰인다. 풍물북은 잔가락을 연주하는 악기가 아니기 때문에 장단의 중요한 원 박만 힘 있게 짚어준다. 풍물북은 사물놀이에서 구름을 의미한다.

징은 일명 대금(大金+리)이라 한다. 크고 둥근 놋 쇠판에 끈을 달고, 끝을 헝겊으로 감은 채로 쳐서 소리를 내는데 웅장하면서도 부드러운 음색을 가졌다. 징채는 긴 막대기의 끝에 천을 감아 천 위를 두꺼운 헝겊으로 싼 방망이로 되어 있다. 연주 할 때는 왼손으로 징의 손잡이를 잡고 오른손으로는 징채를 들고 징의 복판을 친다.

일반적으로 북 소리는 전진을 뜻하며, 징 소리는 후퇴를 뜻하기도 한다. 징은 사물놀이에서 바람을 의미한다.

소고는 일명 매구 북이라고도 하며 작고 얇은 북통의 양면을 가죽을 씌우고 그 북통에 손잡이를 달아서 만든 북 종류의 작은 타악기이다.

왼손으로 손잡이를 잡고 오른손에 단단한 나무채로 북면을 쳐서 소리를 내는 소고는 악기로서의 기능보다 무용에 많이 쓰인다.

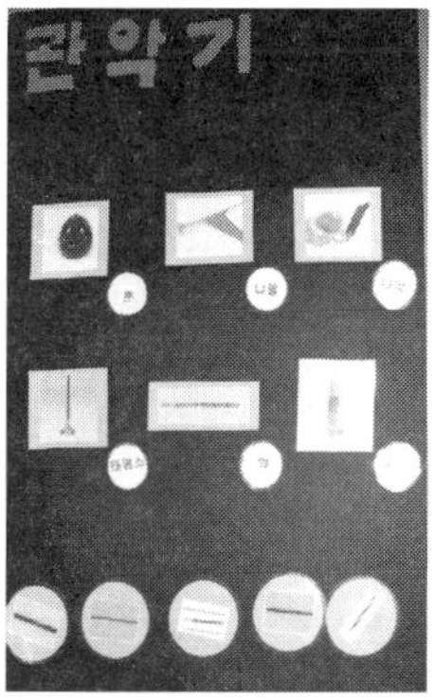

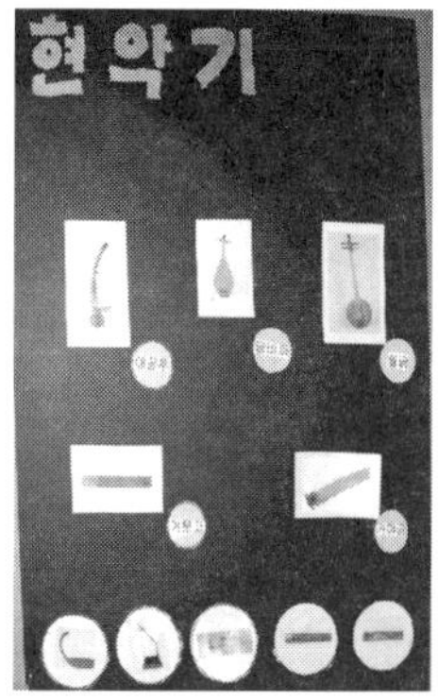

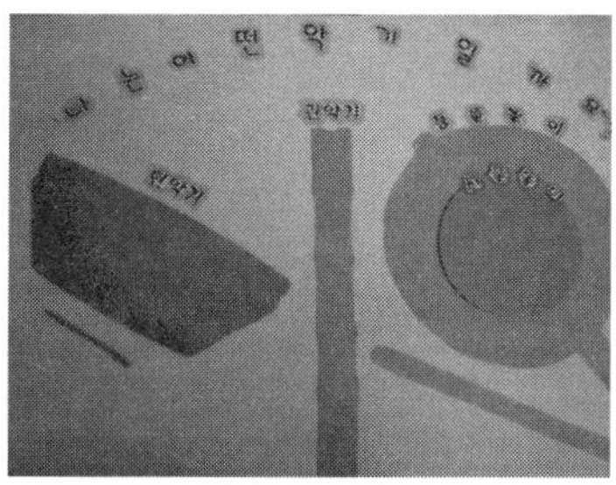
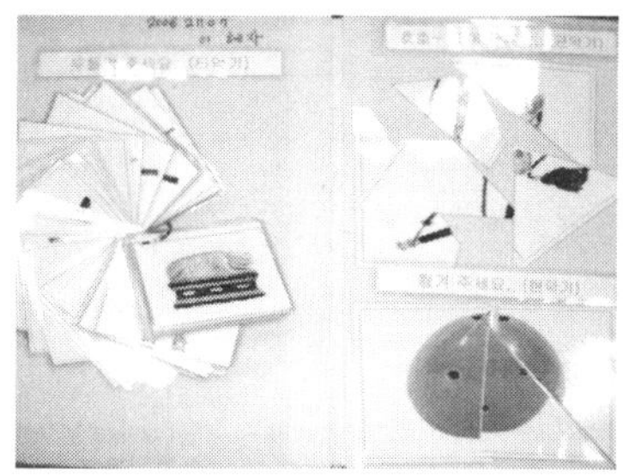

4) 8음에 의한 구분

8음에 의한 구분은 주재료가 무엇인가에 의한 분류입니다. 주재료를 크게 그려놓고 거기에 관련된 악기를 붙이게 할 수 있습니다.

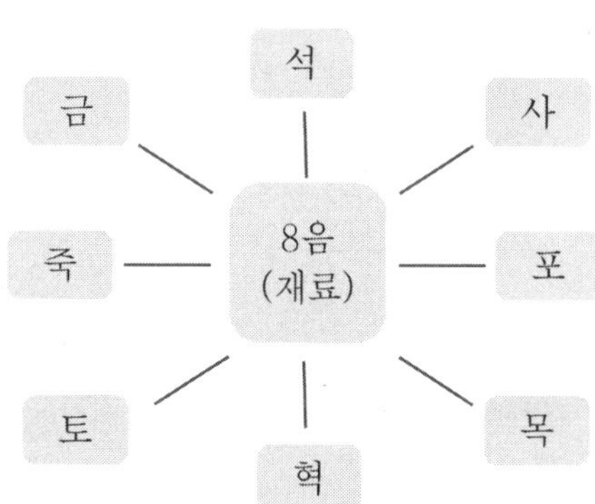

금-쇠: 편종, 꽹과리, 징, 양금, 운라
석-돌: 편경
사-실: 가야금, 거문고, 해금
죽-대나무: 대금, 피리, 단소
포-바가지: 생황
토-흙: 훈, 부
혁-가죽: 장구, 북, 소고
목-나무: 박, 축, 어

☯ 활용방법 1

【우리악기】

우리악기

임신화 작사
임신화 작곡

☯ 활용방법 2

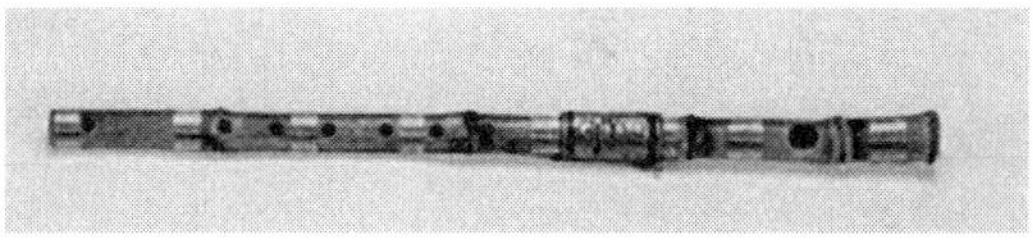

대금은 저, 또는 젓대라는 이름으로 불리며 신라의 3죽(대금, 중금. 소금)에서 가장 굵고 긴 가로로 부는 악기로 신라 때 부터 전하는 우리나라의 고유 관악기이다.

대금은 대나무로 만든 악기로 쌍골죽으로 만든 대금을 가장 좋은 악기로 치며 구조는 지공6개와 바람을 불어넣는 1개의 취구와 갈대청을 붙여 소리를 울리게 하는 1개의 청공으로 되어있다. 또, 음정을 조절하기 위하여 악기의 맨 끝에 뚫어 놓은 칠성공이 있다.

대금을 정악용과 산조용 2가지로 구분한다.

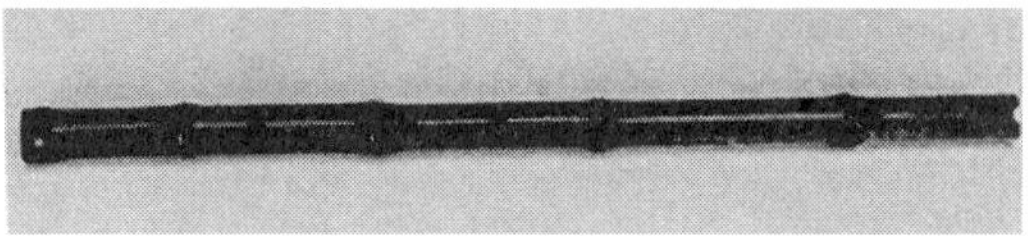

단소는 세로로 부는 악기로 짧은 취악기를 뜻한다.

단소의 구조는 지공이 뒤에 1개, 앞에 4개 모두 5개가 있으나 보통 제 5공은 잘 사용하지 않는다.

조선 후기에 출연한 악기로 음 빛깔이 맑고 청아하여 독주는 물론 줄풍류나 가곡반주, 양금과 생황과 병주를 하기도 한다.

악기 구입이 쉽고 제작이 용이하며 음량도 크지 않아 많은 사람들이 쉽게 다룰 수 있는 악기 중 하나이다.

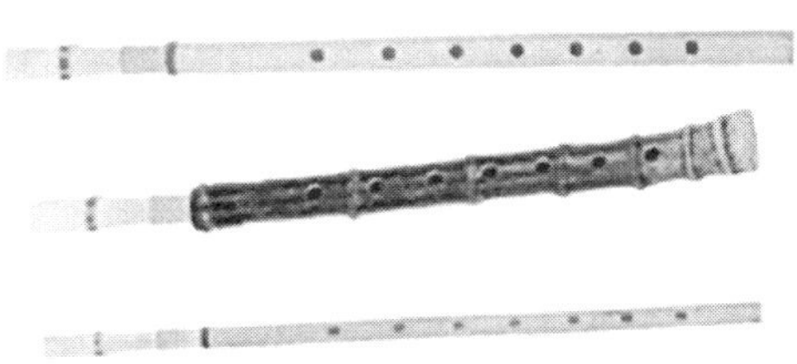

피리는 고구려시대 때부터 있던 악기로 필률이라고도 한다. 대나무 관대에 겹서를 끼워 부는 악기로 향피리, 세피리, 당피리가 있다. 악기의 크기는 25~26cm 정도밖에 안되지만 고려시대 이후 지금까지 한국 음악의 관현합주에서 주선률을 담당하는 중요한 악기로 궁중음악에서부터 민속음악에 이르기까지 폭넓게 사용되고 있다.

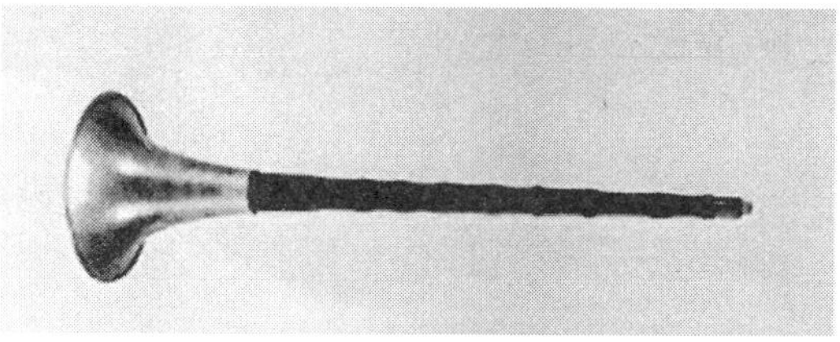

태평소는 새납, 호적, 날라리 등의 이름으로 불리는 목관악기로써 소리를 내게 하는 서가 있으며 윗부분은 좁고 아래로 내려 갈수록 넓어지는 나무관과 끝부분에 나팔꽃 모양의 동팔랑이 있는 세로로 부는 악기이다. 국악기 중에서 소리가 제일 큰 악기인데 태평소는 지공이 8개가 있는데 이중 제2공은 뒤쪽에 있다.

고려 말기에 우리나라에 들어왔으며 음이 강하고 높아서 매우 진취적인 기상을 표현하기 적당한 악기로 군대의 행진 시에 쓰였다.

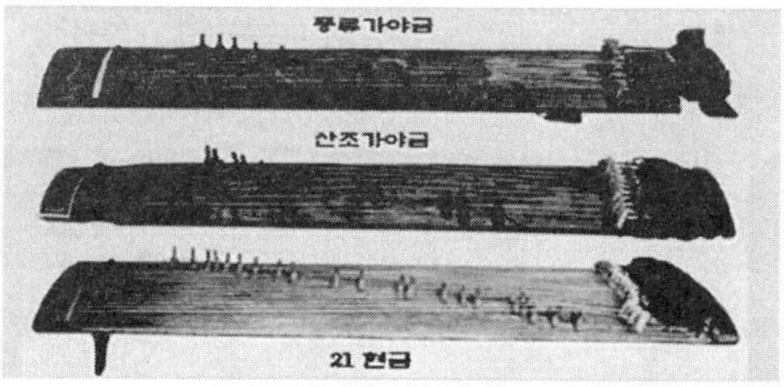

가야금은 우리나라를 대표하는 현악기로써 6세기 경 가야국의 가실왕이 만들었다고 전해지며 신라 진흥왕 때에 우륵에 의해 신라에서 크게 발전하였다고 한다.

가야금의 구조는 오동나무로 만든 울림통 위에 기러기발 모양의 안족위에 12줄의 명주실을 얹어 놓았으며 소리는 맑고 부드러우며 아름답고 섬세하여 여성적인 악기라 할 수 있다. 가야금은 근세에 와서 쓰임에 따라 산조가야금과 신라 때부터 전해오는 정악가야금 두 종류가 있다. 정악가야금은 산조가야금보다 크기가 크고 줄과 줄 사이가 넓어서 정악의 연주에 적합한 반면 산조가야금은 크기가 좀 더 작고 줄 사이가 좁아 빠른 민속음악을 연주하기에 적합하다. 최근에 와서는 12줄의 가야금을 상하로 대폭 늘려 음역을 넓힌 17·18·21·25현 등 다양하게 개량되어 사용되고 있다. 개량된 악기들은 서양 음악과 접목시켜 더욱 다양한 음악을 연주 할 수 있다.

연주법은 오른편 무릎위에 악기의 상단을 올려놓고 오른손 식지, 모지, 장지로 뜯고 집는 수법을 사용하며 왼손은 안족 위의 줄을 누르거나(퇴성) 흔들어(농현) 준다.

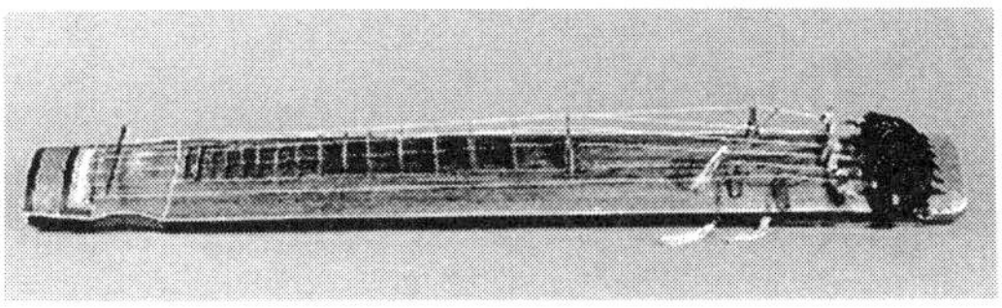

거문고는 현악기의 대표라 할 수 있으며 고구려 시대에 왕산악이 만든 악기로 알려져 있다.

구조는 오동나무로 만든 울림통 위에 명주실로 만든 6개의 줄이 얹어져 있다. 술대를 오른손에 끼고 왼손에는 골무를 끼고 연주한다. 6현 중 제 2·3·4현은 16개의 괘에 얹어져 있고 1·5·6현은 안족으로 세워져 있다. 줄의 이름은 문현·유현·대현·괘상청·괘하청·무현으로 불린다. 거문고의 소리는 그윽하고 은은하며 깊어서 무게 있는 남성적인 면을 지녔다 할 수 있다.

최근에 와서 산조 거문고, 7현의 화현금, 전자거문고 등으로 개량하여 소개되고 있으며 정악에서부터 민속악까지 널리 쓰이고 있다.

연주법은 왼손으로는 골무를 끼고 괘를 짚고 오른손으로는 식지와 장지 사이에 끼운 술대(나무막대)를 가지고 줄을 내려치거나 올려 뜯어서 소리 낸다.

해금은 고려 때부터 우리나라에서 사용된 악기로써 넓은 음역을 가진데다가 여러 가지 음악적 효과를 낼 수 있는 악기이다. 정악, 민속악 등 에 쓰이며 다양한 음악장르에 다양하게 쓰인다.

구조는 중현과 유현 이라 부르는 두 줄 사이에 활대를 끼워놓고 울림통 위를 지나면서 줄을 마찰시켜 소리를 내는 찰현악기이다. 두 줄의 음정은 완전5도에 가깝게 조율한다. 울림통과 두 줄을 연결하고 있는 것이 원산인데 이것의 위치에 따라 음량의 크기가 달라진다. 울림통은 원래 대나무로 만들었지만 요즘은 단단한 나무를 깎아서 만들며 줄은 명주실 활대는 말 꼬리인 말총으로 만든다. 해금은 8음을 모두 갖춘 악기이다.

해금은 비교적 음감이 정확해야 하며 음빛깔의 변화가 적어 단조롭기는 하지만 다양한 연주법과 자유로운 농현 넓은 음역이 서양의 바이올린 소리에 비교 될 수 있으며 현재는 관악합주·관현합주·무용반주·산조·신곡 등에 다양하게 쓰인다.

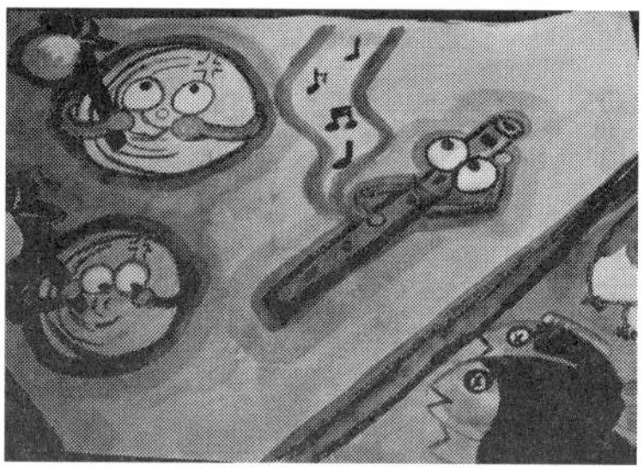

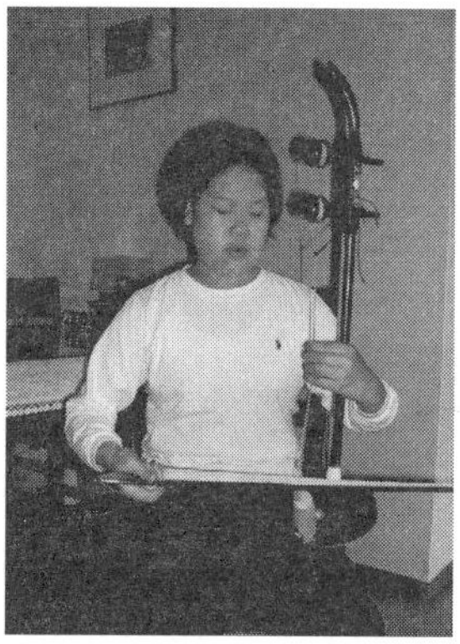

☯ 활동방법 3

【사물악기 그려보기】

다음은 유아들이 사물악기를 보고 그린 그림입니다.

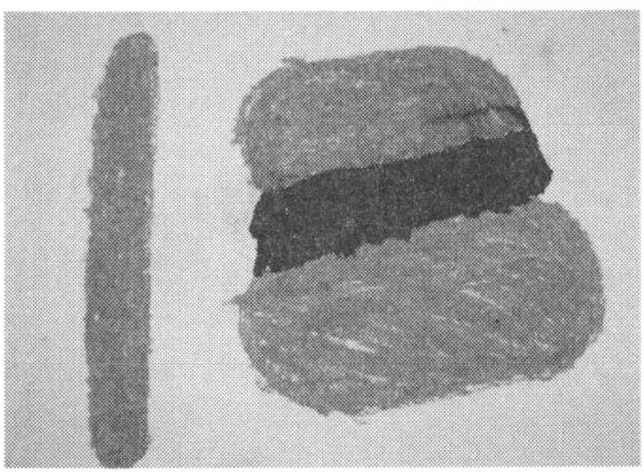

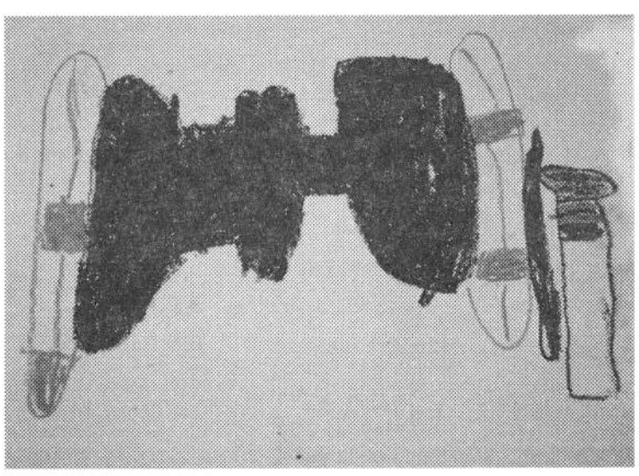

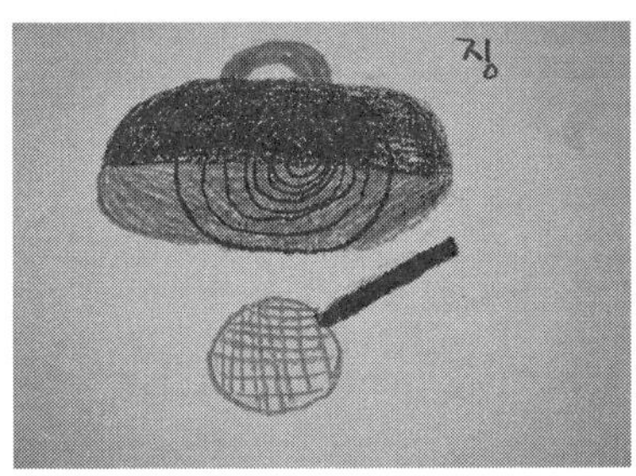

4. 춤

다음은 춤에 대해 알아보겠습니다. 우리 춤에는 여러 가지가 있지만 유아들이 국악수업을 통해서 익힐 수 있는 것들은 장구춤·소고춤·부채춤·탈춤·강강술래 등을 익힐 수 있는데 이런 춤을 도구를 이용한 춤으로 설명하면 쉽게 이해를 시킬 수 있습니다. 다음은 춤에 대한 이야기나누기 상호작용의 예입니다. 활용해 보세요.

1) 도구를 이용한 춤

【춤 이야기】

교사: 친구들이 부채를 들고 춤을 추면 무슨 춤이 될까?
유아: 부채춤이요
교사: 그럼 장구를 매고 치면?
유아: 장구춤이요
교사: 소고를 들고 추면?
유아: 소고춤이요
교사: 탈을 쓰고 추면?
유아: 탈춤
교사: 친구들과 손잡고 빙빙 돌면서 추면?
유아: 강강술래요
교사: 그럼 또 무슨 춤이 있을까?
유아: 꽹과리 춤이요. 북춤이요.

춤에 어울리는 곡들을 살펴보면 다음과 같습니다.

❀ 소고춤-꼭두각시 · 옹해야 · 꿀벌
❀ 장구춤- 밀양아리랑 · 장구소리
❀ 강강술래-강강술래 · 손치기 발치기
❀ 탈춤-탈춤놀이

유아들이 출 수 있는 춤에 대한 이야기를 도구(악기)를 이용해서 설명을 하니까 쉽게 이해했으며 친근하게 받아들였습니다.

이렇게 이야기나누기를 통해 국악이 나와 먼 것이 아니라 내가 알고 있는 여러 가지 것들이 국악이라는 것을 알고 적극적으로 참여하였습니다.

2) 노래를 통해 익히기

노래를 통해 익히는 방법입니다. 유아들과 이야기나누기를 통해 알아본 내용을 정리해서 유아들이 가사를 만들고 선율을 붙어서 율동을 만들어 보도록 하는 방법입니다.

유아들에게 도구를 이용한 방법으로 춤을 설명했듯이 그 내용을 그대로 가사로 활용을 하고 복잡한 리듬이나 선율보다는 간단한 랩으로 앞에 엑센트만 주는 방법으로 곡을 만들 수도 있습니다. 또 노래를 만들 때 유치원에서 유아들이 쉽게 익히고 잘 아는 곡에다 가사를 붙일 수도 있으며 민요를 알고 있으면 알고 있는 민요에다 넣을 수도 있습니다. 그 다음에는 가사에 나오는 악기나 도구를 직접 들고 춤을 추거나 그림자료를 가지고 유아들이 표현해 보도록 하는 방법입니다.

☯ 활용방법 1

【우리춤】

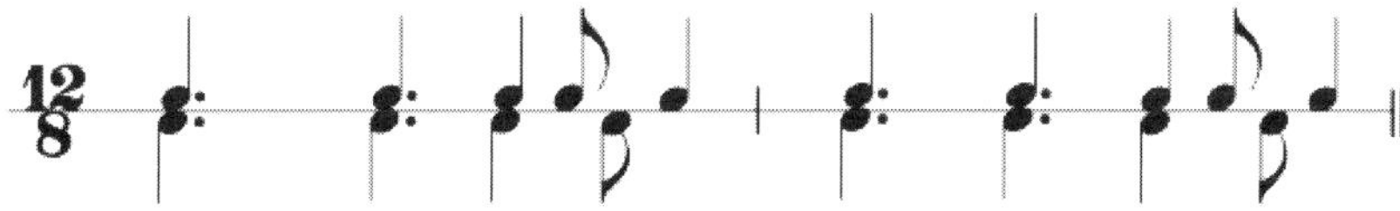

장구를 메고 덩덕쿵덕 탈을 쓰고 얼쑤절쑤
부채를 들고 팔랑팔랑 손을 잡고 강강술래

☯ 활용방법 2

【우리춤】

또 다른 방법으로는 유아들이 많이 알고 있는 곡에 가사를 붙이거나 쉬운 민요 또는 전래동요 등을 활용할 수 있습니다.

우리춤

임신화 개사
임신화 편곡

1.장 구 메 고 옹 헤 야 부 채 들 고 옹 헤 야 탈 을 쓰 고 옹 헤 야
2.장 구 메 고덩덕 쿵 덕 부 채 들 고팔랑 팔 랑 탈 을 쓰 고얼쑤 절 쑤
3.장 구 메 고 장 구 춤 부 채 들 고 부 채 춤 탈 을 쓰 고 탈 - 춤

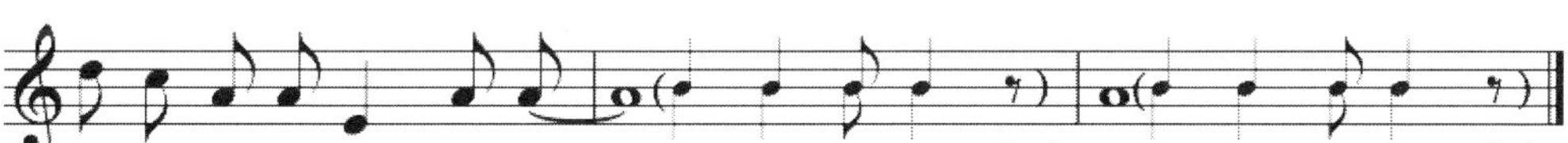

허이 허이

1.손 을 잡 고 옹 헤 야 덩 덩 덩 덩 덩 덩 덩 덩
2.손 을 잡 고덩실 덩 실
3.손 을 잡 고강강 술 래

'옹헤야'를 편곡한 곡인데 앞 "장구 메고"는 교사가, 뒤 "옹헤야"는 아동이 번갈아가며 노래 부른 후 "덩 덩 덩덩 허이"는 같이 부르면 됩니다.

☯ 활용방법 3

「우리 춤」을 노래하면서 장구그림 목걸이(머리띠)를 목에 걸고 구음으로 노래하며 춤추는 방법입니다. 유아들이 그림을 가지고 율동을 만들어 보아도 됩니다.

이번 장에서는 이야기나누기를 통해 유아들이 알고 있는 국악의 내용을 알아보고 그 내용을 노래·악기·춤으로 구분해서 알아본 후 활동의 예를 통해 노래, 놀이 등 효과적인 지도방법을 알아보았습니다. 다양한 방법을 더 많이 개발해서 활용해 보세요.

국악을 처음 지도할 때 어렵다고 생각하지 마시고 이번 장에서 소개한 방법들을 같이 해보시면 재미있는 유아 국악교육 시간이 될 것입니다.

Ⅱ 장구 탐색

장구는 우리나라 타악기의 대표이며 유아 국악교육에서 가장 중요한 악기이기도 합니다.

장구의 유래는 고려 때 중국 송나라에서 전해졌다고 하며 장구통이 가늘어 '세요고'라고 부르기도 하고 '장고'라고도 합니다. 장구의 쓰임에는 두 가지가 있는데 주인공이 될 때와 반주를 할 때입니다. 자세와 치는 방법이 차이가 있습니다.

장구는 국악을 공부하는데 가장 기본적이며 중요한 악기중 하나입니다. 우리나라의 음악은 장단으로 이루어져 있고 장단을 치는 것은 장구가 대표적이기 때문입니다. 또 유아들에게도 쉽게 지도할 수 있는 악기이기도 합니다. 참고로 사물장구와 반주장구의 역할을 비교해서 표를 만들어 보았습니다.

〈표 2〉 사물장구와 반주장구의 비교

장 구	사물장구	반주장구
장구 크기	장구가 반주장구에 비해 작다	장구가 사물장구에 비해 크다
채편	장구채가 두껍다. 주로 복판사용	장구채가 좁다. 주로 변죽 사용
궁편	궁구리채 사용	손바닥 사용
용도	사물놀이 풍물놀이	대부분 반주로 사용
앉는자세	장구채편이 가슴 가운데	장구를 몸 중앙에

유치원에서 가장 많이 지도하는 국악 프로그램은 장구를 이용한 수업입니다. 그러나 장구에 대한 기본 지식이나 원리를 가르치지 않고 어른들이 하는 장단을 그대로 전달하는 우려를 범하고 있는 실정입니다. 선생님들도 선생님들이 배운 그대로를 유아들에게 전달하는 경우가 많습니다. 그러나 유아들에게는 그들에게 맞는 교육방법으로 지도해야 합니다. 악기 또한 어른들이 사용하는 크기의 악기를 사용하고 있고 장구채 또한 마찬가지입니다. 장구는 유아장구인데 채는 어른용을 쓰는 경우도 있습니다. 유아들에게 맞는 악기사용이 기본으로 되어야 장구를 칠 때 효과적인 학습을 할 수 있습니다.

이번 장에서는 장구의 구조를 중심으로 알아보겠습니다. 장구의 구조를 이야기나누기, 장구 편지 쓰기, 장구 동화, 장구 노래 익히기, 게임을 통해 장구의 구조를 탐색해 보려고 합니다. 유아들이 장구에 대해 이해하고 느낄 수 있는 프로그램을 제시해 보겠습니다. 이 내용은 유아들과 직접 경험을 통해 얻은 결과입니다. 선생님들도 어렵게 생각하지 마시고 이 내용을 그대로 활용해 보시기 바랍니다.

장구를 쳐보기 전에 장구 구조를 보고 각각의 역할들을 알아보는 방법입니다

〈장구의 구조 및 명칭〉

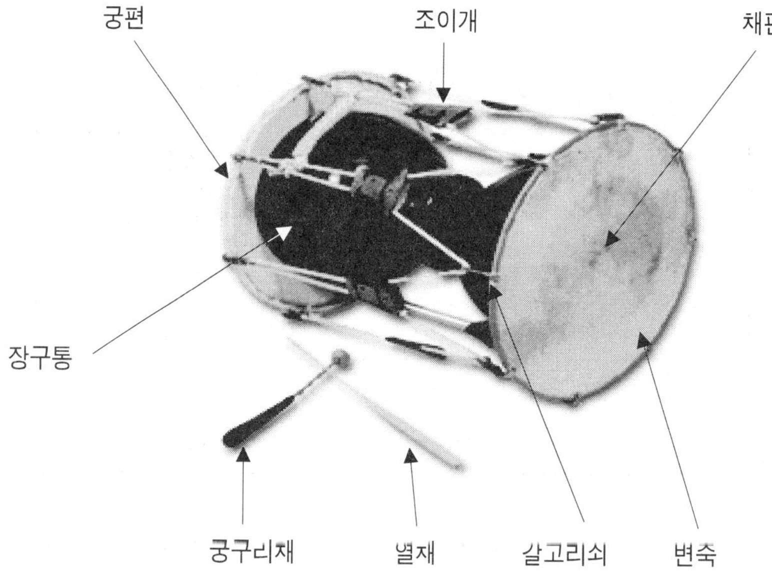

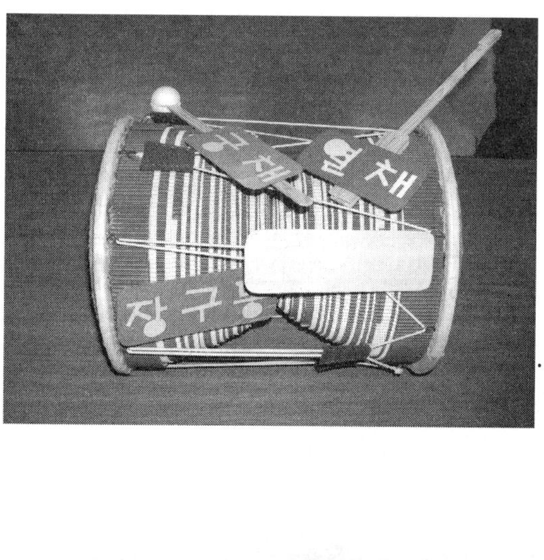

1. 이야기나누기

장구는 유아들이 많이 알고 있는 악기인데 장구의 구조를 내 몸과 비유시켜 이야기를 나눠볼 수 있습니다.

"우리 몸에 눈, 코, 입, 허리, 손, 발이 있듯이 장구에도 이름이 있단다. 몸의 가장 중요한 부분에 쏙 들어간 허리가 있지 이곳을 몸통이라고 하는데 장구에도 허리가 쏙 들어간 '장구통'이 있단다. 이곳은 비어있어서 소리를 울려주는 역할을 해. 그리고 우리 몸의 왼손 오른손이 있듯이 장구에도 왼쪽 오른쪽이 있어 장구의 왼쪽은 '궁편'이라고 하고, 오른쪽은 '채편'이라고 한단다. 또 '조이개'가 있어서 왔다 갔다 하면서 장구의 소리를 다르게 내주기도 하지. 또 왼손에는 '궁구리채'를 쥐고 장구를 치는데 궁구리채에는 머리와 엉덩이가 있는데 머리는 위로 엉덩이는 밑으로 그래서 궁구리채를 쥘 때는 엉덩이가 밑으로 가게 해야 돼. 또 오른손에는 '열채'를 쥐고 연주한단다. 멋있지! 장구는 우리와 비슷하게 생겼어. 장구는 내 친구와 같아. 친구랑 싸워서 다치면 병원에 가야 되지. 친구가 병원에 가면 같이 놀 수가 없지? 장구도 똑같아. 장구를 막 때리고 장난치다 다치면 장구병원에 가야 돼. 그러면 장구를 칠 수 없겠지. 그러니까 장구를 내 친구라고 생각하고 항상 소중하게 생각하길 바래. 그럼 우리 장구를 한번 만져 볼까?"

장구는 내 친구라는 생각을 하도록 지도하고, 소중하게 다루도록 합니다. 장구를 치기 전에 항상 장구에게 "사랑해"라고 말하게 하고 쓰다듬고 안아보도록 합니다. 그 다음에 유아들에게 장구를 보고 만져보게 하고 장구는 어떤 것으로 만들어져 있는지 이야기나누기를 통해 알아보도록 합니다. 아래의 내용도 유아들과 직접 수업한 이야기를 쓴 것인데 상호작용의 예로 활용해 보세요.

☯ 활동방법 1

【장구 구조 이야기나누기】

교사: 자 먼저 장구통을 한 번 살펴보자. 장구통은 무엇으로 만들어져 있을까?

유아: 나무요.

교사: 왜 나무인 것 같아요?

유아: 나무처럼 생겼으니까요. 나무랑 똑같이 생겼어요. 색깔이 똑같아요.

교사: 그래 이것은 나무로 되어 있단다.
그럼 통 속은 어떻게 되어 있을까?

유아: 비어있어요.

교사: 왜?

유아: 소리 나게 할려구요. 울리라구요.

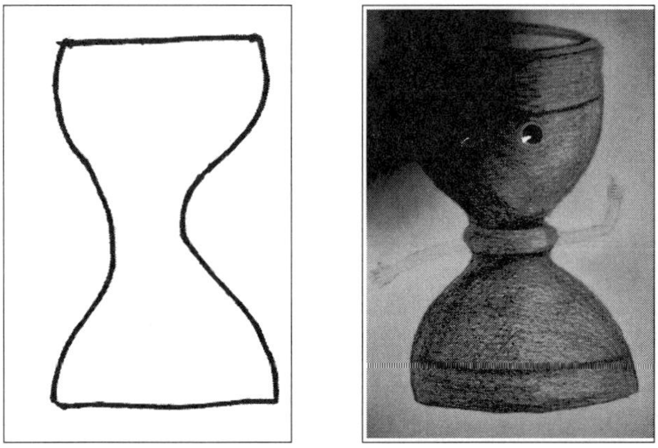

〈장구통〉

교사: 이번에는 궁편과 채편을 살펴보자.
궁편과 채편은 무엇으로 만들어져 있을까?

유아: 종이요. 두꺼운 종이요. 옛날종이요(한지). 플라스틱이요. 뻥튀기요.

교사: 그래 잘했어. 그런데 이것은 가죽으로 되어 있단다.

유아: 가죽?

교사: 가죽은 무엇일까? 동물의 껍질이란다. 그럼 가죽으로는 무엇을 만들 수 있을까?

유아: 옷이요. 소파요. 가방. 신발이요.

교사: 그래, 가죽을 잘 펴고 말려서 장구소리를 낼 수 있도록 동그랗게 잘라 만들었단다.

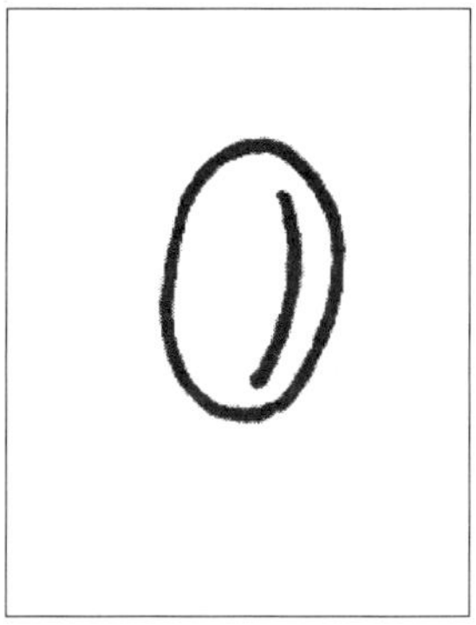

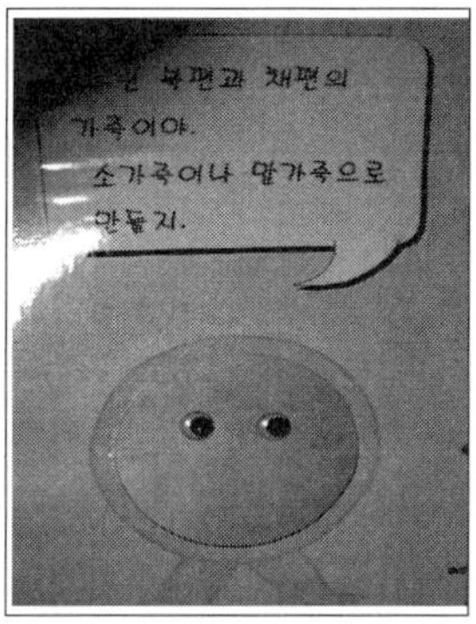

〈궁편〉

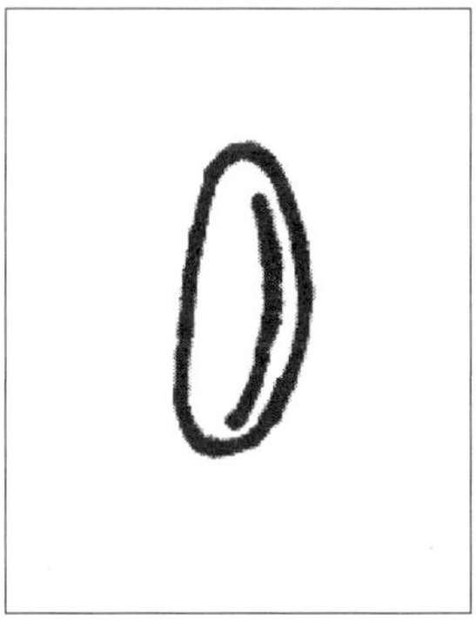

〈채편〉

이렇게 장구통 궁편, 채편의 재료를 이야기를 통해 알아보았습니다.

유아들은 장구통의 소재가 나무인 것을 잘 알았고 장구통 속이 비여야 소리가 난다는 것도 알고 있었습니다. 나무의 나이테 모양과 장구통에 있는 무늬를 연결시켜 생각하였고 그것을 나무 색깔이 같다고 표현하였습니다.

궁편과 채편의 가죽은 거의 알지 못했고, 가죽이 무엇인지도 잘 알지 못했습니다. 그러나 옷이나 소파, 신발 등 이야기나누기를 통해 가죽을 알 수 있었고 가죽의 다양한 쓰임들을 알아보았습니다.

궁편과 채편의 가죽은 털을 깍은 후 표백처리하고 넓게 펴서 말린 후 장구통에 붙인 것인데 대부분의 유아들은 가죽으로 된 것을 알지 못하였고 종이, 옛날종이라고 대답하였습니다. 한지를 옛날종이라고 말하였습니다. 또 플라스틱 접시라고 하였는데 유아교육과 학생들이 장구를 만들 때 종이접시에 한지를 붙여서 만들기도 합니다. 또 어떤 유아는 뻥튀기처럼 생겼다고 하기도 하였습니다.

장구통의 소재는 나무지만 옛날에는 기와나 도자기로 만들기도 하였고 지금은 플라스틱으로 만든 것도 있답니다.

이 밖에 조이개, 조임줄, 갈고리쇠, 궁채, 열채도 설명할 수 있습니다.

조이개는 가죽으로 되어있으며 음의 높낮이를 조절할 수 있고 장구의 소리를 조절하는 역할을 합니다. 조임줄은 실을 꼬아 만들었으며 장구의 가죽을 연결하는 역할을 하며 조이개를 걸어서 조여지게 합니다. 갈고리쇠는 쇠로 만들어져 있으며 고리 모양으로 되어 있습니다. 궁채 열채는 대나무로 만들어져 있고 장구를 칠 때 꼭 필요한 것입니다.

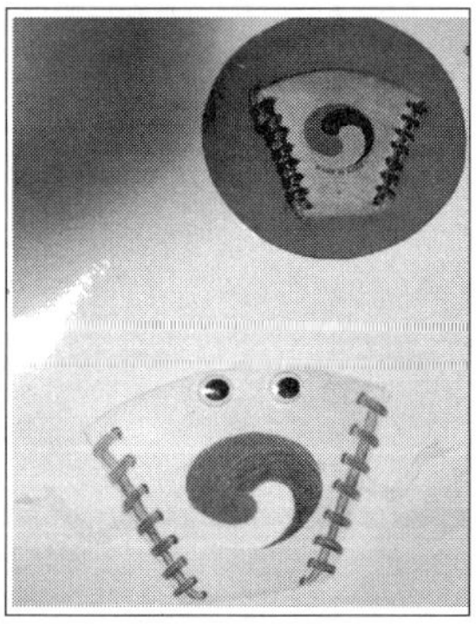

〈조이개〉

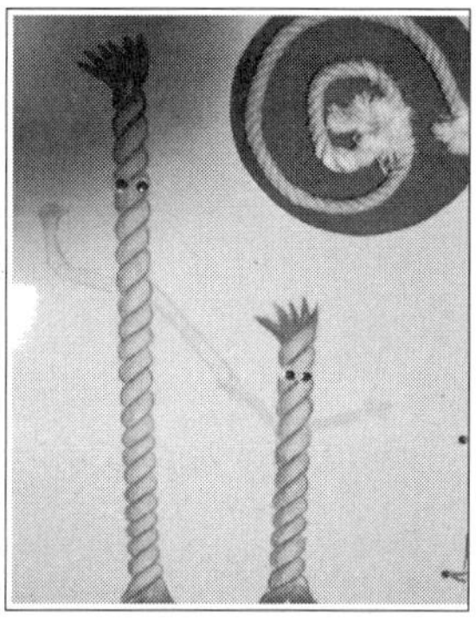

〈조임줄〉

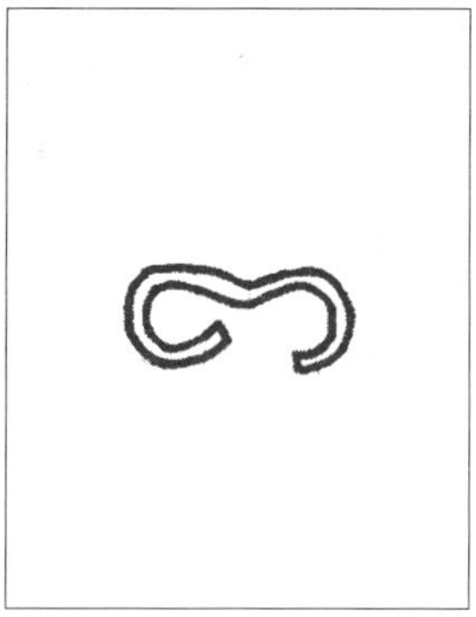

〈갈고리쇠〉

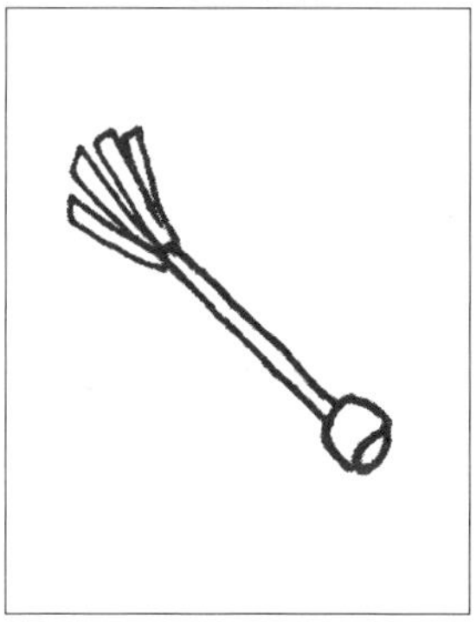

〈궁채〉

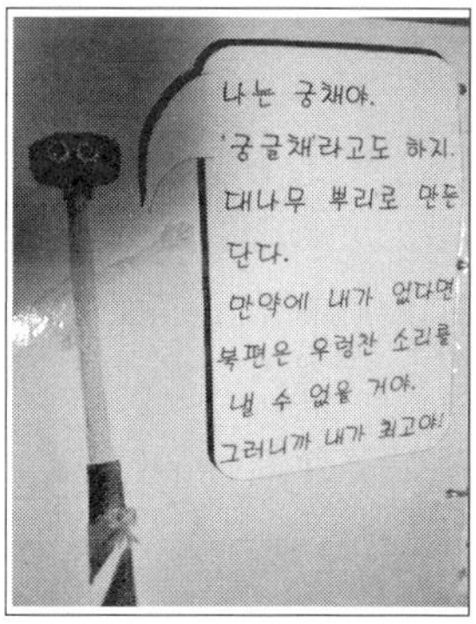

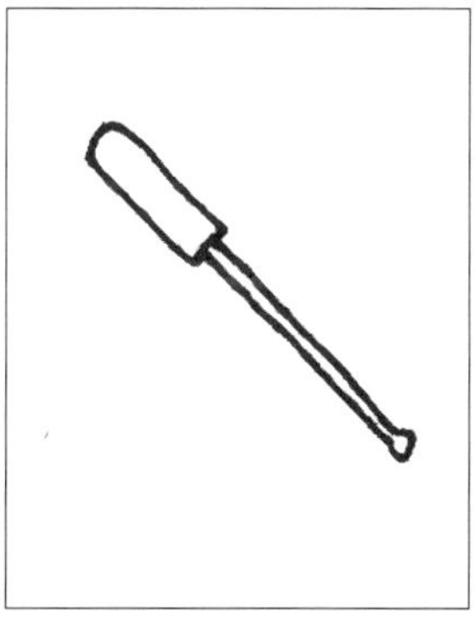

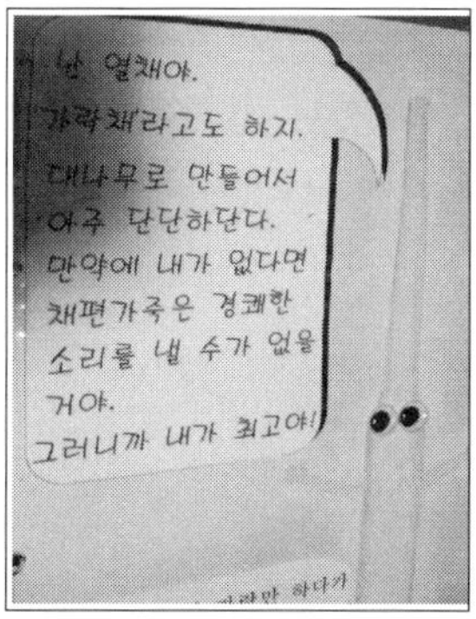

〈열채〉

활용방법 2

【장구 구조 그리기】

장구 구조 하나하나를 소개하고 그림을 그려 보게 해 볼 수도 있습니다.

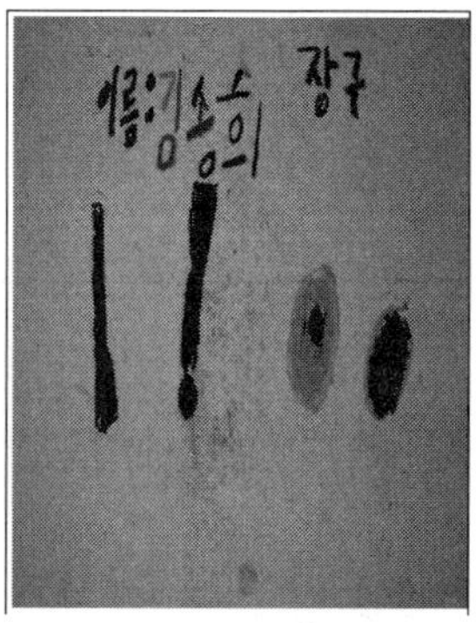

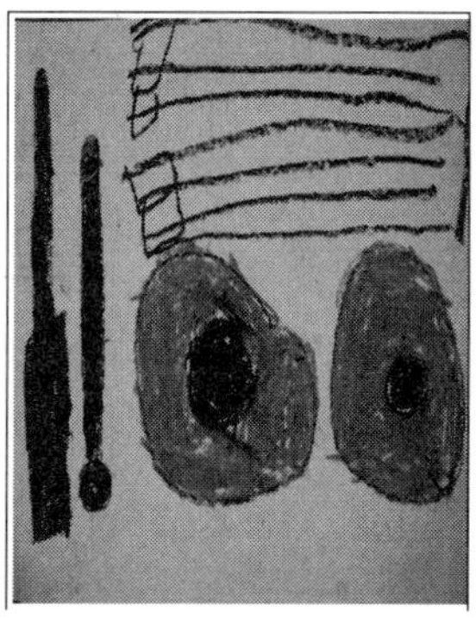

2. 장구 편지 쓰기

다음은 장구 편지인데 장구가 자기소개를 유아들에게 보내는 방법입니다. 장구 자신의 특징이나 구조, 소리 등을 알려주고 친근감을 느끼게 할 수 있습니다.

아래의 편지는 저와 초등학교 아이들, 유치원 아이들이 쓴 편지입니다. 이 편지를 유아들에게 읽어주고 나중에 장구 수업을 마친 후 유아들에게 답장을 쓰게 해 보세요. 그럼 다양한 편지를 소개 해 볼게요.

☯ 활동방법 1

【장구가 친구들에게 보내는 편지】

❀ 친구들 안녕!

나는 장구야. 만나서 반가워.
나는 너희들과 쿵덕쿵덕 재미있게 놀고 싶어.
나는 내 몸을 두드려서 소리를 낸단다.
또 나의 몸은 약해서 마구 치면 안 돼.
장단에 맞춰 치고 강약을 조절해서 쳐야 예쁜 소리가 나.
나의 자랑은 날씬한 허리와 하얗고 동그란 얼굴이야.
또 나의 소리를 예쁘게 만들어주는 조이개, 나의 몸매를 잘 지탱해 주는 조임줄이 있어.
또 가장 친한 친구들은 궁채와 열채란다.
궁채는 수저처럼 둥글게 생겼고, 열채는 젓가락처럼 날씬하게 생겼단다.
나는 내 몸을 두드리는 것을 좋아해. 그래야 소리가 나거든
내 몸의 어디를 두드리느냐에 따라 소리가 틀려 들어볼래?
왼쪽을 두드리면 '쿵쿵쿵' 오른쪽을 두드리면 '덕덕덕'
같이 두드리면 '덩덩덩'
왼손을 넘겨치면 '콩콩콩' 오른쪽 위를 치면 '딱딱딱' 정말 재미있지.
이런 많은 소리는 우리 음악에 가장 많이 쓰인단다.
그리고 노래하는 친구들도 도와줘. 우리 같이 만나서 재미있게 지내보자.
친구들 나랑 재미있게 지내고 장단 맞춰서 흥겹게 신나게 씩씩하게 놀아 주면 좋겠어.
잘 지내자. 꼭 답장해 줘. 안녕 ○○○

❀ 안녕? 애들아?

나는 장구라고 해.
난 지금 너희들과 친구가 되고 싶은데 친구가 되려면 먼저 서로 잘 알아야 한다고들 하지?
그러니까 내가 먼저 내 소개를 할께 잘 들어봐.
내 이름이 장구인건 잘 알지?

나는 우리나라 악기 중 가장 많이 사용하고 내 몸을 두드려서 소리를 내. 그리고 난 기본으로 장구통, 궁편, 채편, 조이개, 조임줄이 있어야 내가 만들어져. 장구통은 오동나무로......
아! 그리고 나는 없으면 안되는 중요한 친구들이 있어.
궁채와 열채라는 친구인데 두 친구가 있어야 내가 소리를 곱게 낼 수 있지.
아 내 소개는 거의 끝난 거 같은데 이 편지를 읽고 나한테 너에 대한 소개를 하는 편지를 보내줄래?
그럼 우리 진정한 친구가 될 수 있을 거야 그럼 안녕.

한국에서 장구가

○○○

❀ 유치원 동생들에게

안녕? 난 장구란다.
난 궁편과 채편으로 되어 있어.
그리고 궁구리채가 궁편을 열채가 채편을 연주해 준단다. 그
리고 난 우리 국악기란다. 난 타악기이고 리듬을 연주한단다.
가락은 연주를 못해. 또 조이개라는 것으로 소리의 높낮이를 조절하지.
그리고 나는 조율기도 있어. 조율을 할 수 있지.
오른쪽으로 가면 아주 예쁜 소리를 낼 수 있지.
난 허리가 잘록해. 내가 허리에 있는 살을 빼려고 얼마나 열심히 했는지 몰라.
우리 친하게 지내자. 날 많이 연주해 줘.

○○ 장구가

❀ 마음씨 고운 친구들에게

너희가 오른손이 있고 왼손이 있듯이 나도 오른쪽과 왼쪽이 있어..
오른쪽은 채편이고 왼쪽은 궁편이야.
그리고 궁구리채와 열채 친구들이 있어.

○○

❀ 귀염둥이 친구에게

난 허리는 날씬하지만 나의 옆쪽은 좀 뚱뚱해.
그리고 난 너희들이 많이 때릴수록 더 즐거워.
왜냐하면 난 두드리는 악기니까.
애들아 나와 같이 노래를 부르자.~

○○

❀ 안녕 나는 장구야

나는 지금 국악의 세상에 살고 있어.
이제 내 소개를 할게.
열채는 젓가락 궁구리채는 숟가락이야
그러나 이걸로 밥 먹지는 않아.
근데 환상의 음악을 만들기 위해서는 궁편, 채편, 조이개 등이 있어야 돼.
나는 동물 옷을 입고 있어서 겨울에도 끄떡없어.
내 친구들도 많아. 가야금, 거문고, 아쟁, 단소 등이 있어.
유치원 때부터 사귀어서 엄청 친하지. 나는 신비한 힘을 가지고 있어.
숟가락과 젓가락이 내 몸을 치면 내 몸속에서 요상한 소리가 나 ~덩 쿵 덕 콩 기덕~.
손도 오른손 왼손이 있듯이 나도 채편 궁편이 있어.
나의 장래 희망은 국악의 세상에서 인정받는 장구가 되고 싶어.
언제 한번 국악의 세상으로 놀러와. 그럼 훌륭한 환상의 국악을 들려줄게.

○○○

❀ 아름다운 친구들에게!

안녕 난 장구란다.
우리나라의 고유 음악이지.
너희가 알다시피 난 너희들이 나의 몸을 두드리면 아름다운 소리가 울려 퍼져.
너희들 오른쪽 왼쪽알지?
그것처럼 나한테도 오른쪽은 채편이 치는 곳이고 왼쪽에는 궁편을 치는 곳이지.
나 말고 고유 음악을 낼 수 있는 악기들이 다양해.
뭐 가야금, 아쟁, 거문고 등이 있지. 아 깜빡했네.
장구를 장고라고도 불릴 수 있단다.
난 다른 음악에 박자도 맞춰줄 수도 있단다.
미안하지만 여기서 그만 쓸게 장구를 많이 사랑해 줘.

○○○

위의 내용은 초등학교 어린이들이 장구가 되서 자기를 소개하는 내용을 편지로 쓴 내용들입니다. 다양한 표현들이 많지요.

이 편지 안에는 장구를 통해 알아야 할 내용들이 모두 표현되어 있습니다. 유아들에게도 유아들에게 맞는 편지를 써 보게 할 수 있습니다.

다음 활동의 예는 유치원 아이들이 장구를 쳐 본 후 답장을 쓴 것 들입니다. 참고해 보세요. 장구를 위한 시도 있답니다.

☯ 활용방법 2

【친구들이 장구에게 보내는 편지】

❀ 장구야 안녕!

나는 ○○○이야. 만나서 반가워.
열심히 잘 배워서 멋진 연주 할 수 있도록 노력할게. 잘 있어.

○○이가

❀ 장구에게

장구야! 사랑해 나랑 같이 놀이하고 연주도 하니까 정말 좋아.
나 지금 너한테 편지 쓰고 있어. 난 니가 정말 좋아 사랑해.

❀ 장구에게

장구야 안녕 나 ○○야.
우리 친구하자. 우리 사이좋게 지내자. 안녕. 친구야 사랑해.

○○가

❀ 장구에게

장구야 사랑해.
장구야 건강해야 돼. 장구야 같이 있어서 좋다. 장구야 친하게 지내자.
장구야 안녕. 나 ○○이야 장구야 새 친구가 되어...

○○○

❀ 장구에게

장구야 너 힘드니...네가 쎄게 하지 말게..
맨날 맨날 쎄게 안하고 살살 할게 ..흐흐 미안해

○○○

❀ 장구에게 ○○이가

장구야 사랑해 장구야 이재 우리 새 친구가 되어 노래하고 춤을 추고 그래

○○○

❀ 장구에게 ○○이가

장구야 사랑해 장구야 너무 고마워. 장구야 장구 칠 때 세게 쳐서 미안해.
장구야 건강해 장구야 새 친구가 되어 좋아. 장구야 안녕.

○○○

❀ 장구야 사랑해

나랑 같이 놀이하고 연주도 하니까 정말 좋아.
나 지금 너한테 편지 쓰고 있어 나 니가 정말 좋아 사랑해

○○○

☯ 활용방법 3

【장구 동시】

❀ 장구는 내 친구

○○○

장구는 장구는 소중한 내 친구
장구는 장구는 소리나는 악기 친구
소중한 장구야 너랑 같이 소리나게 같이
노래하니까 참 재미있어 소중한 장구 정말 소중한 내 친구

❀ 장구는 내 친구

○○○

장구는 친구
내가 심심하면
좋은 노래를 불러주니까

친구는 궁편
왜냐하면 심심할 때
장구치는 소리를 '쿵'하고 쳐주니까

친구는 채편
왜냐하면 어려울 때
덕덕치면 소리가 나서 힘이 나니까

그리고 조임줄 장구의 친구
왜냐하면 어려운 일에 빠질 때
좋은 나라로 이어주니까

유아들의 편지나 시에는 장구를 친구처럼 생각하고 친하게 지내자는 내용이 많이 있습니다. 또 사랑해 주겠다고 하고 소중하게 다루겠다고 합니다. 장구를 정말 사랑하는 것 같습니다.

3. 장구 동화

장구나라 동화는 재미있는 이야기를 통해서 장구의 구조를 알아보는 방법입니다. 동화는 다음과 같습니다.

【무지개 나라 7형제】

글 : 임 신 화

꿈과 희망이 가득한 무지개 나라에 장구통·궁편과 채편·조이개·조임줄·궁채와 열채 7형제가 살고 있었어요.

그런데 무지개 나라 장구 7형제들은 자기가 맡은 일은 열심히 하지 않고 모두들 자기 자랑만 했답니다.

먼저 허리가 날씬한 장구통이 자랑을 시작했습니다.

"난 장구통이야. 나무로 만들지.

난 허리가 아주 날씬하고 멋지단다. 또 마음이 깨끗해서 장구의 소리를 울리게 해 준단다.

만약에 내가 없다면 장구는 울리는 소리를 멋지게 낼 수가 없을 거야.

그러니까 내가 최고야!"

그러자 장구통의 왼쪽에 있는 궁편도 자기 자랑을 하기 시작했습니다.

"나는 궁편이야

나는 동물 옷을 입고 있단다. 얼굴은 뻥튀기처럼(두꺼운 종이) 생겼고 조금 하얀 편이야.

나는 또 아빠처럼 멋진 목소리를 가지고 있어 만약에 내가 없다면 장구는 쿵쿵쿵 소리를 낼 수가 없을 거야.

그러니까 내가 최고야!"

오른쪽에 있던 채편은 더 큰소리로 자랑을 하였습니다.

"나는 채편이야

나도 궁편처럼 가죽옷을 입고 있는데 옛날 종이접시처럼 생겼어. 궁편보다는 더 얇은 가죽옷을 입었어. 그래서 궁편보다 더 가벼워. 가벼우니까 가볍게 떨 수가 있고 엄마처럼 높은 소리를 낼 수 있단다. 경쾌하고 밝은 소리지. 덕덕덕 예쁘지?

그러니까 내가 최고야!"

그러자 팔 다리가 긴 조임줄이 말했습니다.

"나는 조임줄이야.

난 장구통과 궁편, 채편을 잘 묶어서 장구의 모양을 만들어주고 조이개를 움직일 수 있게 해주지.

내가 없으면 궁편, 채편, 조이개가 장구통과 같이 지낼 수 없어. 그러면 소리도 못 내겠지?

그러니까 내가 최고야!"

이번에는 채편과 친하게 지내는 조이개가 말했습니다.

"나는 조이개야.

나는 줄을 타고 다니면서 장구소리의 높낮이를 조절하는 역할을 한단다.

그래서 내가 있어야 채편이 더 예쁜 소리를 낼 수 있는 거야. 나는 줄을 타고 왔다 갔다 하면서 목소리를 바꿀 수가 있어. 나는 소리를 조절해주는 조율기라고 할 수 있지. 채편에 가까이 갈수록 밝은 소리를 낼 수 있단다. 엄마 소리를 더욱 예쁜 소리로 만들 수 있어.

그러니까 내가 최고야!"

그러자 엉덩이가 둥근 궁채가 말했습니다.

"나는 궁채야.

별명은 궁구리채라고도 하지.

숟가락처럼 생겼단다. 동그란 얼굴을 가지고 있어. 수저처럼 동그랗게 소리를 내야 되거든. 만약에 내가 없다면 궁편은 아빠처럼 우렁차고 멋진 소리를 낼 수 없을 거야.

그러니까 내가 최고야!"

몸이 아주 날씬한 열채가 말했습니다.

"난 열채야.

채라고도 하지. 나는 젓가락처럼 날씬하단다.

나는 날씬한 몸을 가지고 있어서 채편을 더욱 더 날씬한 소리로 만들어 준단다. 만약에 내가 없다면 채편 가죽은 경쾌한 엄마 소리를 낼 수가 없을 거야.

그러니까 내가 최고야!"

이렇게 서로 자기 자랑만하다가 조이개가 말했어요.

"애들아 잠깐 내 말 좀 들어 볼래?

우리는 혼자서는 멋있는 소리를 낼 수가 없어.

조임줄이 우리들을 연결시켜주고, 장구통이 소리를 울리게 해주고, 조이개가 궁편과 채편의 소리를 더욱 멋지게 꾸며 줘야 돼.

우리 모두 힘을 합쳐야 궁편과 궁채는 멋진 아빠 소리를 채편과 열채는 예쁜 엄마 소리를 낼 수 있는 거야.

우리 이제 이렇게 싸우지 말고, 모두 힘을 모아서 아름다운 소리를 만들어 보자."

그래 좋아!

덩덕쿵덕

덩덕쿵덕

얼쑤절쑤 신난다.

이렇게 해서 매일 자기자랑만 하던 장구 형제들은 서로 힘을 모아 멋진 장구가 되어 무지개 나라를 아름다운 소리로 넘치게 하였답니다.

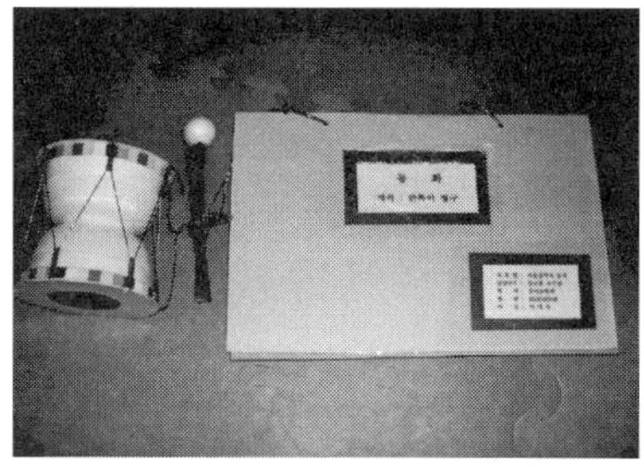

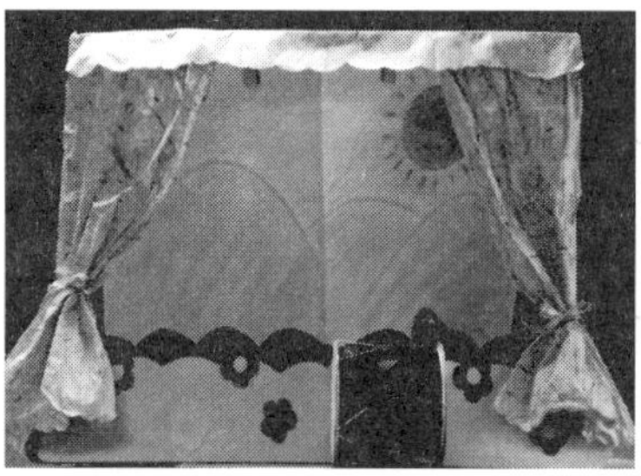

위의 장구 동화는 유아들과 이야기나누기를 통해 알아본 내용을 아동들의 시각에서 만들어 본 동화입니다. 동화책을 만들어 직접 읽어 주면 더욱 효과적이겠지요?

유아교육과 학생 중에 장구를 분해해서 동화책을 만들었는데 가죽, 조이개 등을 직접 만져 볼 수 있도록 교구를 만들어 왔습니다. 진짜 장구의 가죽을 느낄 수 있어서 효과적이었습니다. 활용해 보세요.

4. 장구 노래 익히기

장구의 구조를 노래를 통해서 익혀보는 것인데 지도하는 방법은 다음과 같습니다.

먼저 가사를 그림 가사판을 통해 익혀본 후 노래를 만들어서 들려주거나 유아들이 만들어 보도록 하는 방법입니다. 또 노래가 만들어지면 율동을 만들어 보거나 장구 구조를 직접 만져보면서 노래해 보기도 합니다. 확장활동으로는 장구 구조 중 하나를 선택해서 그림을 그려보게 하거나 장구를 그려보게 할 수도 있습니다.

☯ 활동방법 1

【장구 구조 그림 가사판】

가사	허리가 잘록 (장구통)	궁편	채편	조임줄	조이개	궁채	열채
그림							

가사를 예로 들어서 그림 가사판을 만들어 보았습니다.

위의 가사판을 보면서 노래를 할 수 있는데 악보는 다음과 같습니다.

【장구】

장구

임신화 작사
임신화 작곡

단모리 장단

단모리 장단으로 만들어본 장구 노래입니다. 장구 구조를 쉽게 익힐 수 있습니다.

☯ 활용방법 2

【나는 장구】

나는 장구

임신화 작사
임신화 작곡

굿거리 장단

굿거리 장단에 맞춰 부릅니다. 장구를 앞에 놓고 장구를 만지면서 노래 해봅니다.

☯ 활용방법 3

【장구모양 아리랑】

다음은 유아들이 아는 민요에 가사를 넣는 방법인데 아리랑에 적용해 보았습니다.

장구모양 아리랑

임신화 개사
임신화 편곡

"장구모양 아리랑"도 그림 가사판을 이용해서 가사를 익히고 노래를 지어서 불러볼 수 있습니다. 이때 노래하면서 장구의 구조를 만져보거나 유아들에게 율동을 만들어 보게 할 수 있습니다.

또 다른 방법은 장구 구조를 하나 선택해서 그려보게 하고 그 그림들을 모아서 장구를 만들어 볼 수도 있습니다.

☯ 활용방법 4

【내 얼굴】

동그란  소리도 동그랗게  닮았네.  를 치면 

내얼굴 종이접시 동그란 수저 동그란 쿵소리

길쭉한  소리도 길쭉하게  닮았네.  치면

내얼굴 옛날종이 길쭉한 젓가락 길쭉한 덕소리

이 노래는 시처럼 읽으면서 그림 악보를 중심으로 부릅니다. 아니면 랩처럼 엑센트를 주면서 읽어도 됩니다.

5. 게임

다양한 게임을 통해 장구 구조를 알아보는 방법인데 퍼즐 맞추기, 장구 수수께끼, 장구에 이름 붙이기, 장구 그림 그리기 등 다양한 게임들이 있습니다. 다음은 간단하게 할 수 있는 몇 개의 활동들을 제시해 보겠습니다.

☯ 활동방법 1

【퍼즐 맞추기】

장구 구조를 그대로 그려놓고 유아들이 끼워 볼 수 있도록 하는 것입니다.

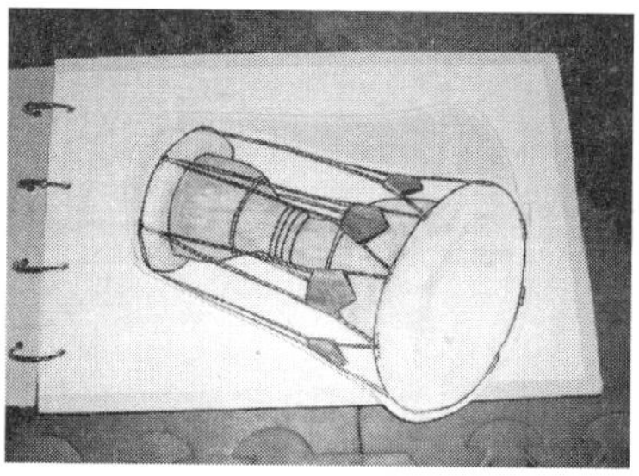

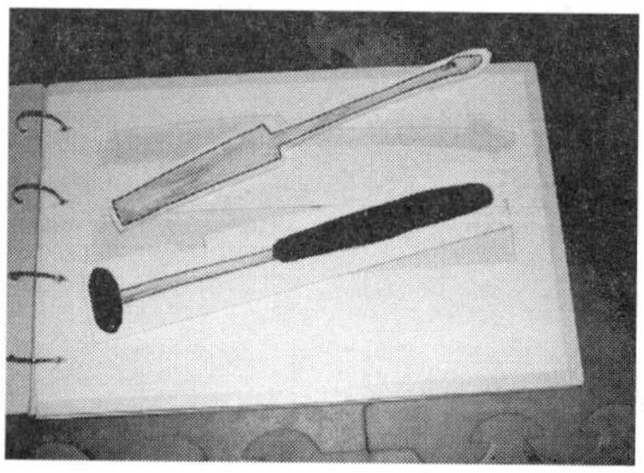

또 다른 방법은 장구 구조 조각을 3조각 이내로 잘라서 쉽게 맞출 수 있도록 하는 방법인데 이때 문자와 연결해서 응용해도 효과적입니다.

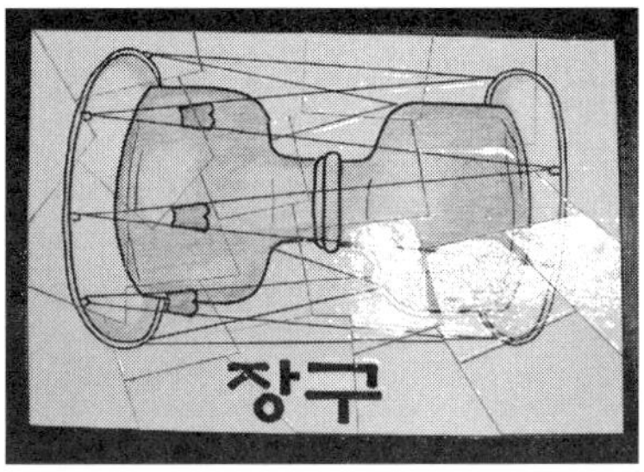

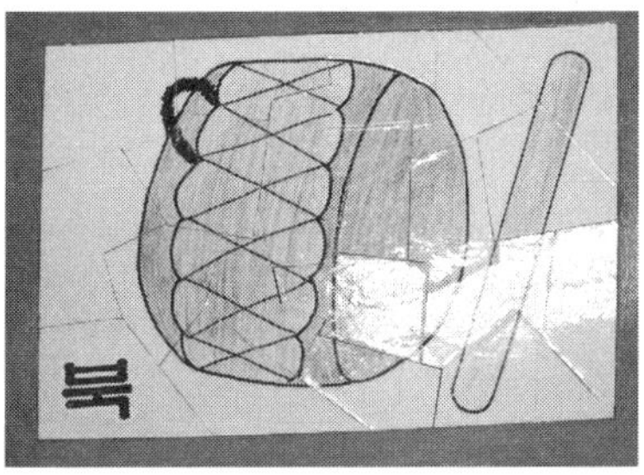

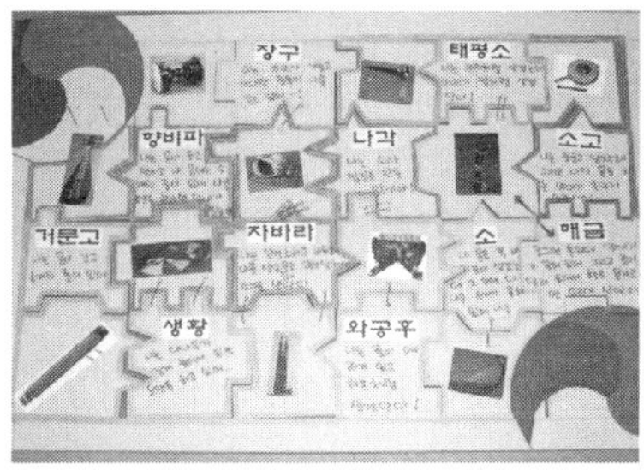

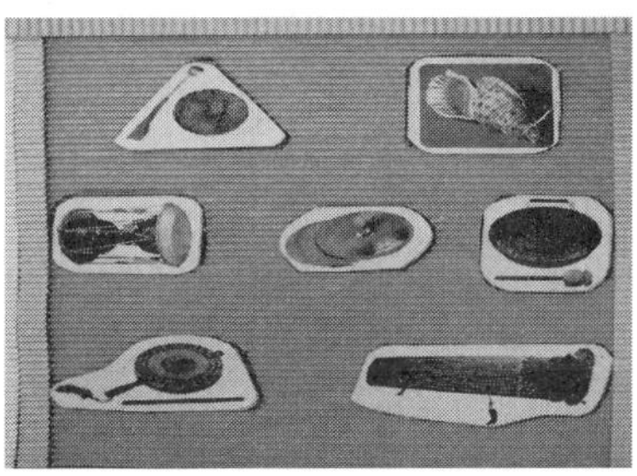

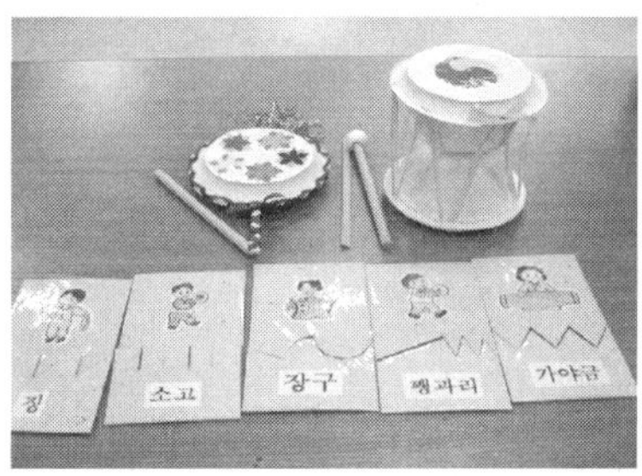

☯ 활용방법 2

【장구 수수께끼】

❀ 나는 누구일까요?

나는 나무로 되어 있고 내 몸속은 텅 비어 있어 소리를 낼 수 있게 합니다. 또 허리가 잘록해 멋진 몸매를 자랑하지요 나는 누구일까요? **장구통**

❀ 나는 누구일까요?

나는 얼굴이 하얗고 둥글며 아빠소리처럼 굵은 소리를 낸답니다. 또 둥근 궁구리채로 쳐야 멋진 소리를 낸답니다. 나는 누구일까요? **궁편**

❀ 나는 누구일까요?

나는 얼굴이 갈색이며 엄마처럼 맑은 소리를 낸답니다. 또 날씬한 열채로 쳐야 멋진 소리를 낸답니다. 나는 누구일까요? 채편

❀ 나는 누구일까요?

나는 가죽으로 되어 있으며 조임줄 위를 왔다 갔다 하면서 장구를 예쁜 소리로 만들어준답니다. 나는 누구일까요? 조이개

☯ 활용방법 3

【장구 구조 이름붙이기】

장구를 앞에 놓고 장구 구조 이름 카드를 찾아 장구에 붙이는 게임입니다.

☯ 활용방법 4

【장구 그림 그리기】

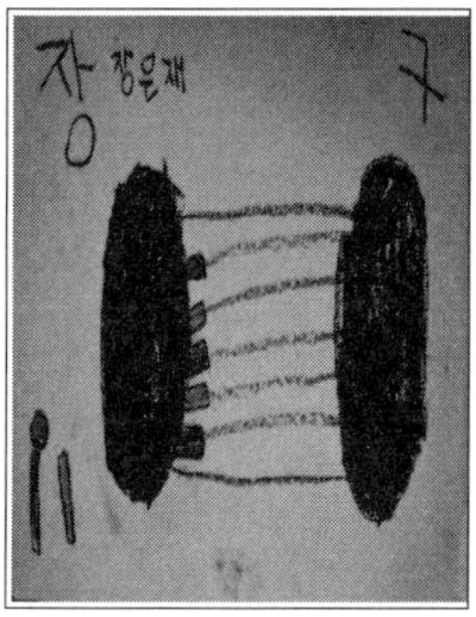

유아들의 시각에서 장구를 그려보는 방법입니다. 장구뿐 아니라 소고·북·징·꽹과리 등도 그려볼 수 있겠죠.

이번 장에서는 장구를 탐색해 보았습니다. 다양한 방법으로 장구를 치기 전에 해야 할 것들과 장구의 구조를 지도하는 방법을 알아보았습니다. 장구 구조에 대한 여러 가지 방법이 있는데 이것을 다하는 것이 아니라 소개한 것들 중에서 선생님들이 효과적이라고 생각하는 것들을 2~3가지 선택해서 지도해 보시면 됩니다.

위의 프로그램들은 한 두 시간에 하는 것이 아니라 날마다 조금씩 유아들의 흥미를 유도하면서 진행하는 프로그램입니다.

Ⅲ 유아 장구 기보법

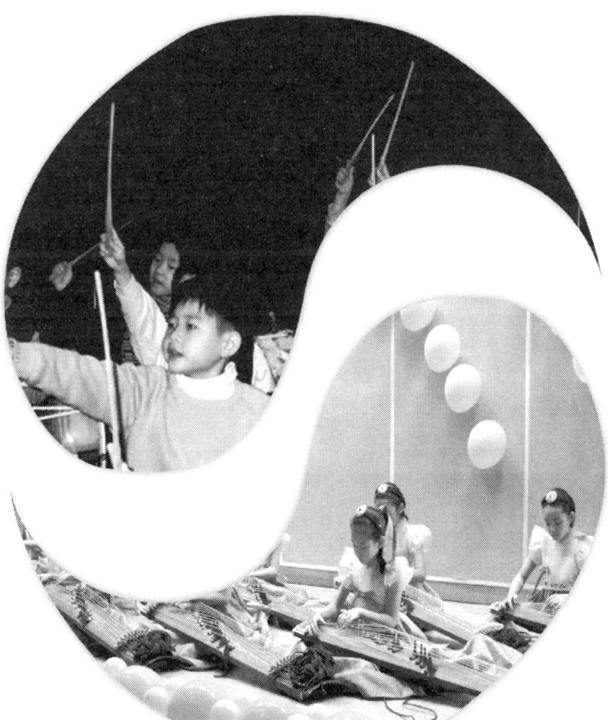

앞에서 살펴본 프로그램이 충분히 진행된 후에는 장구를 치게 되는데 장구를 칠 때 제일 먼저 장구의 기보법을 알아보아야 합니다. 이때 일반적인 장구 기보법을 보는 것이 아니라 유아들에게 맞는 유아 장구 기보법을 지도하면 효과적입니다.

유아들에게 장구를 지도할 때 어른들이 보는 장구의 기보법이나 구음만을 지도하는데 유아들의 눈높이에 맞는 방법으로 장구 모양이나 손·발·색깔·부호·그림 등을 이용해 장구악보를 보는 방법입니다.

〈유아 장구 기보법〉

장구 악보	구음 악보	손·발 악보		부호 악보	음표 악보
		손 악보	발 악보		
	덩(떵)	양손 	양발 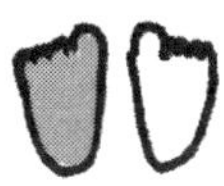		
	쿵	왼손 	왼발 		
	덕	오른손 	오른발 		
	기덕	오른손 	오른발 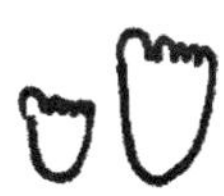		
	쿵 (넘김쿵)	왼손 	왼발 		
	더러러러	오른손 	오른발 		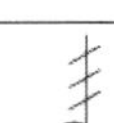

장구 악보는 장구의 모양을 그대로 활용한 것이고, 구음 악보는 장구 지도시 쓰는 일반적인 방법입니다. 손・발 악보는 장구를 칠 때 왼쪽과 오른쪽을 구분해야 되는데 그것을 쉽게 구분하기 위해 하는 방법입니다. 부호(모양) 악보는 장구채의 모양을 활용한 방법인데 이것 또한 일반적으로 쓰는 악보 중 하나입니다. 음표는 조금 어렵지만 익힐 수 있게 지도해야 합니다.

유아들이 알아야 할 덩・쿵・덕・기덕・콩・더러러러 6가지 종류를 제시하여 보았습니다. 그러나 유아들의 수준에 맞춰서 지도하여야 하며 처음 장구를 배우는 유아들에게는 덩(떵)・쿵・덕・넘김쿵(콩)정도만 알아도 충분합니다. '덩'을 크게 치면 '떵'이 되는데 '덩'은 '떵'이라고도 표기했습니다. '넘김쿵'은 '쿵'과 구분시키느라 '콩'이라고 하였습니다. '기덕'과 '더러러러'는 참고로 제시해 보았습니다. 다음은 옛날에 사용했던 장구악보를 「악학궤범」과 「금합자보」에서도 살펴보았습니다. 참고해 보세요.

〈표 3〉 악학궤범・금합자보에 나온 장구 기보법

	악학궤범	금합자보
덩(떵)	 쌍	 자쿠릉
쿵	 고	 쿠릉
덕	 편	 작
더러러러	 요	 드르륵

〈표 4〉 현행 장구 기보법

리듬 악보	연주 요령	부호	명칭	구음
	채편과 북편을 동시에 친다	⦶	합장단	떵
	오른손 채로 채편을 친다	|	채편	덕
	왼손 바닥으로 북편을 친다	○	북편(궁편)	쿵
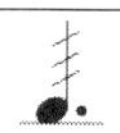	오른손 채로 채편을 굴린다	⋮	채굴림	더러더러
	오른손 채로 채편을 겹쳐 친다	¡	겹채	기덕
	왼손을 오른손 채편으로 넘겨서 친다		궁편 넘기기	쿵

1. 장구 악보

구음	덩(떵)	쿵	덕	기덕	콩(넘김쿵)	더러러러
장구		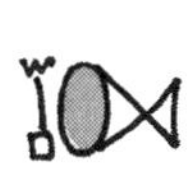			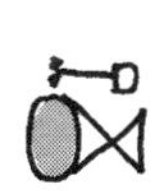	

장구 악보는 장구 모양을 그대로 그린 그림을 보고 치는 악보입니다. 제일 먼저 장구의 그림을 보고 알 수 있는 그림 악보를 보겠습니다.

여기에 나온 장구 그림은 왼쪽 궁편이 크고 두꺼우며 오른쪽 채편은 얇고 작게 그렸습니다. 또 궁편은 빨강색, 채편은 파랑색으로 표시를 했습니다. 궁편과 채편을 같이 치는 '덩'은 보라색으로 표시했습니다. 색깔은 선생님들이 마음대로 활용을 하시고 '떵'은 같이 치는 것이니까, '쿵'과 '덕'을 합한 색깔로 표현해 주시면 됩니다. 이것도 유아들과 같이 정하시면 효과적입니다. 장구 옆에 궁채와 열채를 그려 구분을 빨리할 수 있도록 하였습니다.

다음은 활용방법을 제시해 보겠습니다.

☯ 활용방법 1

【같은 모양 찾아보기】

장구채를 보여 주고 구음을 연결해 보기

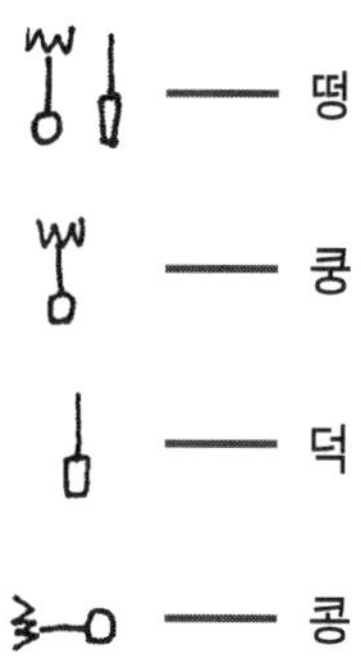

2. 구음 악보

구음 악보는 가장 많이 쓰는 악보로 장구에서 나는 구음을 그대로 소리 내서 읽는 악보입니다.

구음	덩(떵)	쿵	덕	기덕	콩(넘김쿵)	더러러러
장구채						

유아들에게 장구소리를 들려주고 흉내내보도록 하였는데 왼쪽 궁편의 소리는 아빠소리, 코끼리소리, 발구르는 소리 '쿵'이라고 하였으며 오른쪽 채편의 소리는 엄마소리, '딱딱'이라고 하였습니다. 저는 채편의 소리를 '덕'이라고 하였는데 이것은 국악용어 통일안에 맞춰서 표시한 것이고 실제 사물놀이에서는 '따'라고 합니다. 또 같이 치면 '덩'이라고 하고 크게 소리 낼 때는 '떵'이라고 합니다. 그리고 '떵'소리를 듣고 떡치는 소리, 떡 찧는 소리라고 하였습니다. 또 '넘김쿵'이 있는데 이것을 '콩'이라고 하였습니다. 장구를 칠 때 '넘김쿵'이라고 하기가 어려워서 '콩'이라고 하였습니다.

참고로 꽹과리 소리는 총소리, 종소리, 돈 떨어지는 소리, 번개소리, 초인종 소리, 기타소리, 참새소리라고 표현하였고 가야금 소리는 물결소리, 물소리, 무지개, 바람이 흔들리는 소리라고 하였습니다. 유아들과 같이 이야기나누기 한 것을 참고해 보세요. 옛날에는 악보보다는 악기의 구음을 가지고 공부하였는데 구음을 소개하면 다음과 같습니다. 유아들도 이 구음을 듣고 재미있어 하였습니다.

우리 국악기의 구음들을 소개해 볼게요.

❀ 꽹과리는 깽-깽-갠-지갱
❀ 가야금은 청-홍-둥-당-동-징-땅-지-징-찡-쫑-쨍
❀ 피리는 나-누-너-노-느-나-니
❀ 거문고는 쌀갱-슬기둥

☯ 활용방법 1

【구음 알아보기】

"애들아! 선생님이 장구소리를 쳐볼 테니까 한번 들어보고 무슨 소리가 나는지 얘기해 보자."

'쿵'소리 들려주기-'쿵'이요.
'덕'소리 들려주기-'따'요. '딱'이요.
'덩(떵)'소리 들려주기-'떵'이요.
가야금 소리 들려주기-무지개 소리요.
꽹과리 소리 들려주기-총소리요. 번개소리요.
북 소리 들려주기- 둥둥둥이요.

여러 악기소리를 들려주고 소리를 흉내내거나 무슨 소리랑 비슷한지 알아보는 게임입니다.

☯ 활용방법 2

【노래 익히기】

대문놀이

개사: 임 신 화

문지기 문지기 문 열어라 열쇠 없어 못 열겠네.
어떤 대문에 들어갈까 **쿵** 대문에 들어가

왼손() 궁채()로 문을 여니 **쿵쿵쿵쿵** 열렸네.

문지기 문지기 문 열어라 열쇠 없어 못 열겠네.
어떤 대문에 들어갈까 **덕** 대문에 들어가
오른손() 열채()로 문을 여니 **덕덕덕덕** 열렸네.

문지기 문지기 문 열어라 열쇠 없어 못 열겠네.
어떤 대문에 들어갈까 **떵** 대문에 들어가
양손()같이 열어보니 **떵떵떵떵** 열렸네.

전래동요인 대문놀이를 개사한 곡으로 가사판을 그림으로 만들어 보여주고 구음을 크게 읽으면서 노래를 불러봅니다.

☯ 활용방법 3

【게임 · 놀이】

한 팀은 쿵, 덕 ,떵 가면 또는 머리띠를 한다. 또 한 팀은 궁구리채, 열채, 궁채+ 열채 가면을 쓴다. 교사가 쿵을 치면 쿵 가면 쓴 유아가 궁구리채 가면을 쓴 친구를 데려와서 쿵을 치면 된다. 덕은 열채, 떵은 궁채+ 열채를 데려와서 장구를 치면 된다.

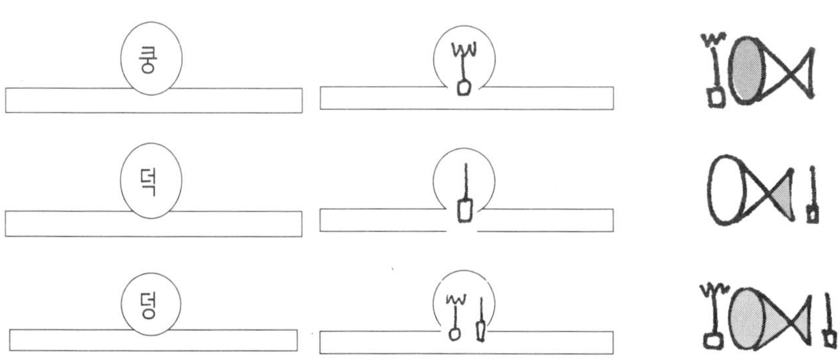

☯ 활용방법 4

【무슨 소리 날까요?】

무슨 소리 날까요?

임신화 작사
임신화 작곡

이곡은 사물악기의 구음을 알게 하기 위한 곡으로 랩처럼 엑센트만 앞에 살려서 부르고 아동이 따라 부르는 형식이며 단모리 장단을 익힐 수 있는 곡입니다.

선생님이 먼저 엑센트 살려 큰소리로 "장구치면 장구치면 무슨 소리 날까요?"하면 유아들이 "덩덩궁덕궁 덩덩쿵덕쿵"하는 노래입니다. 각각 악기의 특징을 살려 노래를 부릅니다. 이때 고개를 숙이고 구음을 크게 하도록 지도해야 합니다. 징과 북 구음은 한 장단에 한 번 씩만 쳐도 됩니다. 그리고 음악이 끝날 때는 징으로 마무리 합니다.

3. 손·발 악보

구음	덩(떵)	쿵	덕	기덕	콩(넘김쿵)	더러러러
손악보						
발악보	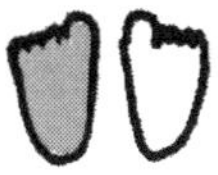					

손·발 악보는 장구의 왼쪽과 오른쪽을 구분하기 위한 악보인데 왼쪽과 오른쪽에 쥐고 치는 채가 다르기 때문에 왼쪽과 오른쪽 구분이 필요합니다. 손과 발의 그림과 색깔을 통해 익히게 하는 방법입니다. 장구 악보에서 했듯이 색깔을 정해서 손과 발을 그려놓은 것입니다.

왼쪽 '쿵'은 왼손·왼발, 오른쪽 '덕'은 오른손·오른발, '덩'은 같이 치니까 양손과 양발, 그리고 '넘김쿵(콩)'은 왼손이나 왼발 모양을 오른쪽으로 돌려서 표시했습니다.

유아들의 크기에 맞는 손바닥을 그려놓고 책상위에서 쳐보거나 교실 바닥에 발바닥을 그려서 발놀이를 할 수 있습니다. 손·발을 그릴 때는 왼쪽, 오른쪽 색깔을 통일시키고 유아의 손·발 크기에 맞게 교구를 제작해야 합니다.

확장 활동으로는 손안에 구음 부호를 넣어서 활용해 볼 수도 있습니다.

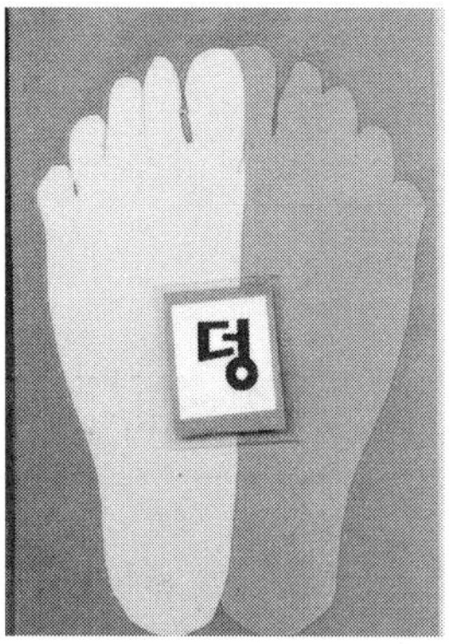
덩

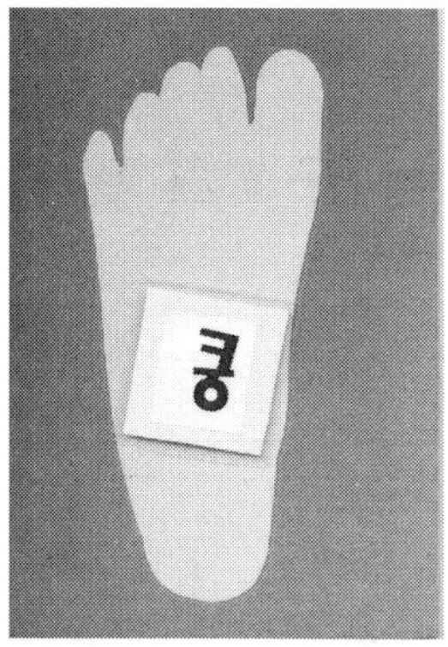
쿵

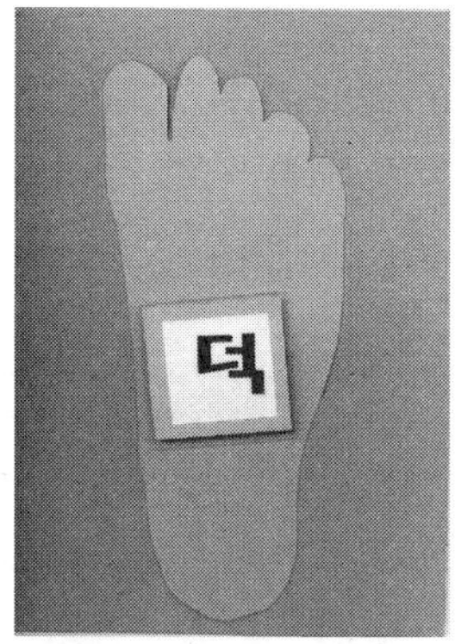
덕

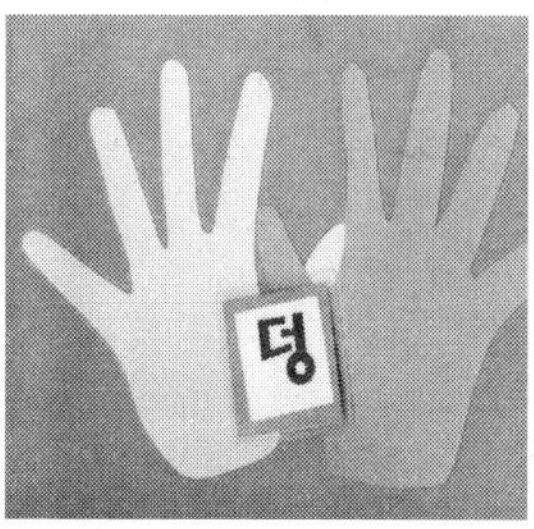
덩

쿵

덕

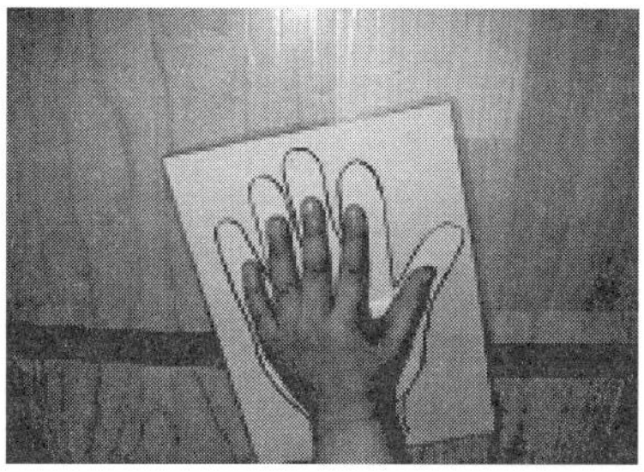

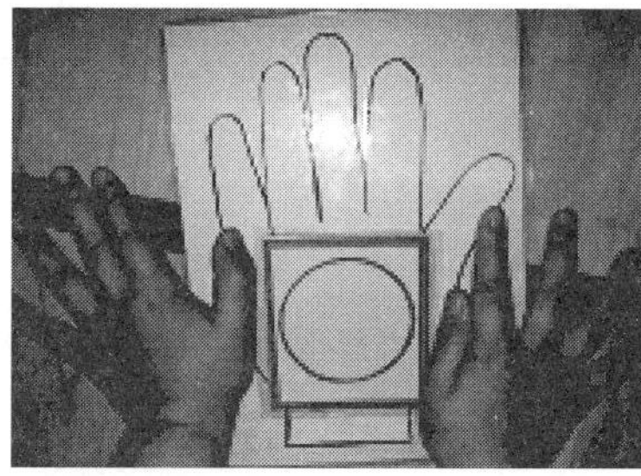

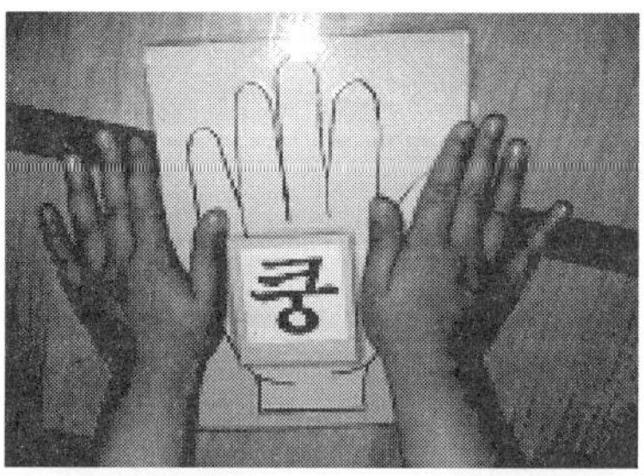
쿵

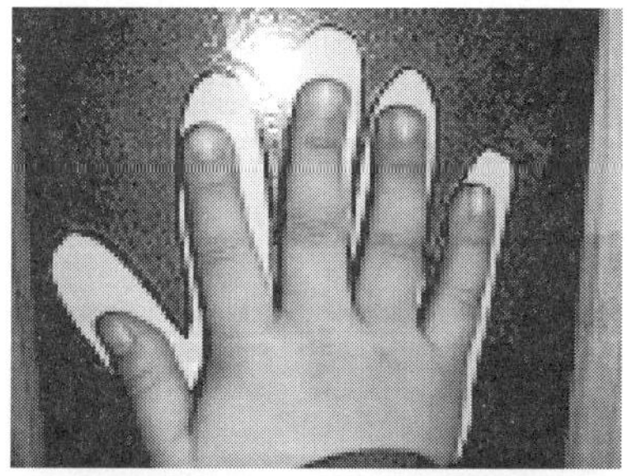

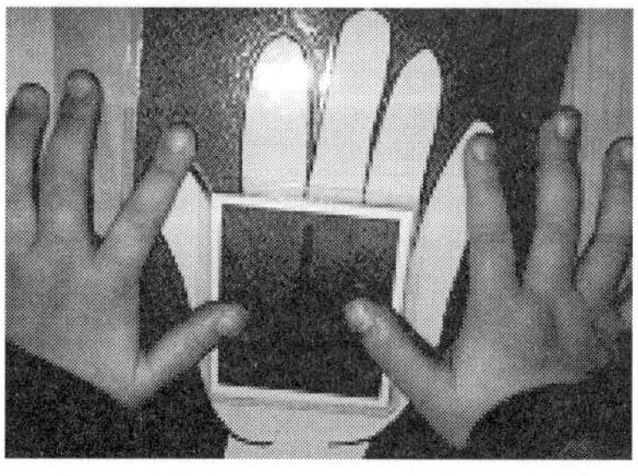

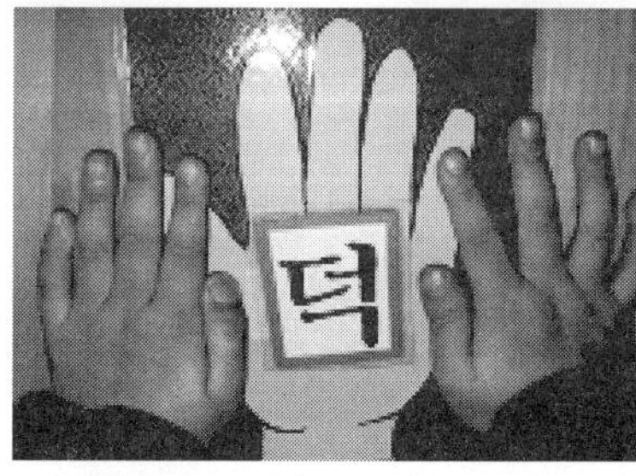
덕

☯ 활용방법 1

【너는 내 친구】

너는 내 친구

임신화 작사
임신화 작곡

☯ 활용방법 2

【색깔놀이】

'쿵'은 빨강, '덕'은 파랑, '떵'은 같이 치니까 보라
'쿵'은 노랑, '덕'은 빨강, '떵'은 같이 치니까 주황

유아들과 같이 '쿵' 색깔, '덕' 색깔을 정하고 두 색이 섞이는 것을 떵으로 정해서 악보를 그립니다. 악보를 그릴 때는 항상 유아들과 같이 정한 색을 동일한 색으로 나타내도록 합니다. 예를 들어 '쿵'은 빨강, '덕'은 파랑, '떵'은 빨강과 파랑이 만나면 보라가 되겠죠.

☯ 활용방법 3

【즐겁게 춤추자】

즐겁게 춤추자

임신화 개사
임신화 편곡

우리가 많이 알고 있는 동요를 편곡한 곡으로 1절씩만 먼저 배우도록 합니다.

손으로 할 때는 책상위에 손 모양을 놓고 할 수 있도록 하고 똑같이 발로도 활용할 수 있는데 발을 이용할 때는 바닥에 발 모양을 그려놓고 활용할 수 있도록 합니다.

☯ 활용방법 4

【손치기 발치기】

손치기 발치기

임신화 개사
임신화 편곡

【그림 가사판】

손치기 발치기: 율동하기

손치기 손치기 왼손(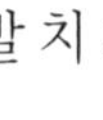) 친다고 쿵쿵쿵

손치기 손치기 오른손() 친다고 덕덕덕

손치기 손치기 양손 ()친다고 덩덩덩

손치기 손치기 왼손()넘겨 쿵쿵쿵

그림 가사판으로 작성하고 2절은 발로 똑같이 활용할 수 있습니다. 두 줄로 서서 짝꿍과 같이 가사에 맞춰 율동을 할 수 있도록 지도해 보세요.

손치기 발치기는 강강술래에 나오는 곡 중 하나로 개사·편곡한 곡입니다.

☯ 활용방법 5

【동시】

❀ 손놀이

왼손의 궁채가 쿵-쿵
오른손 열채가 덕-덕
두 손을 합하면 떵-떵
왼손 넘겨 콩-콩
오른손 흔들어 더러러
오른손 멋 부려 기-덕

❀ 발자국

숲길에 발자국이 찍혔어요.
쿵쿵쿵 왼발 발자국(쿵쿵쿵)
덕덕덕 오른발 발자국(덕덕덕)
덩덩덩 양 발자국(덩덩덩)
콩콩콩 왼발 넘긴 발자국(콩콩콩)

∴ ( )는 그림 악보·부호·음표·구음으로 사용할 수 있습니다.

위의 시는 발도 활용할 수 있습니다.

찰흙에 손바닥을 찍으면서 활용해 보아도 좋고 손이나 발에 물감을 묻혀 종이에 찍어 보아도 재미있습니다.

☯ 활용방법 6

【장구활용】

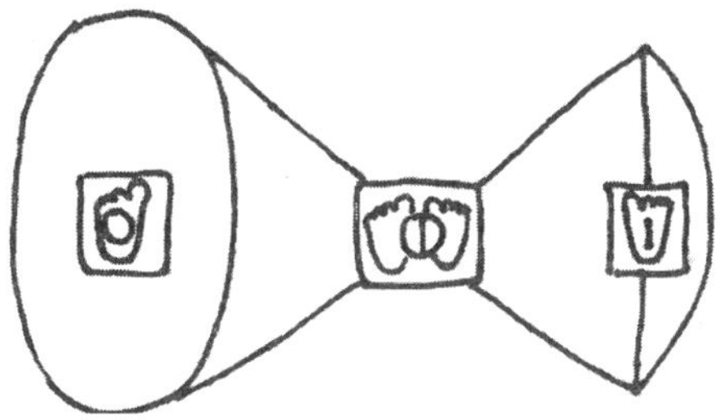

☯ 활용방법 7

【정간보판의 길을 따라가기】

정간보판을 이용해서 악보를 익히는 방법인데 정간보판은 소고 모양, 장구 모양, 태극 마크 등을 활용해 볼 수 있습니다. 정간보판 칸 안에 손, 발 악보를 그리고 구음을 붙입니다. 정간보판은 장단에 맞는 칸을 만들어 활용할 수도 있습니다. 세마치 장단은 9칸, 굿거리 · 자진모리 장단은 12칸, 단모리 장단은 4칸입니다. 또 유아들이 부르는 구음을 붙여 활용할 수도 있구요.

단모리 장단

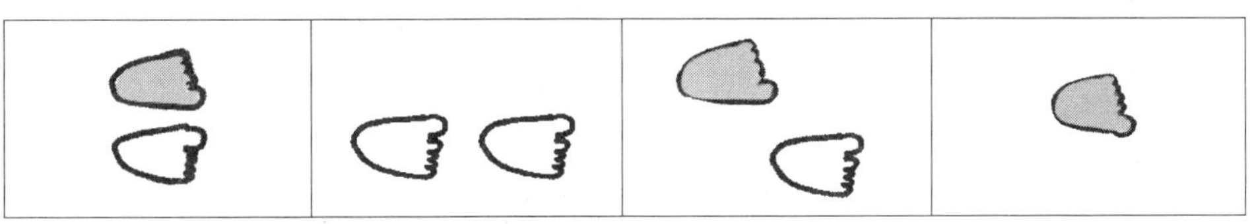

덩 덕 덕 쿵 덕 쿵

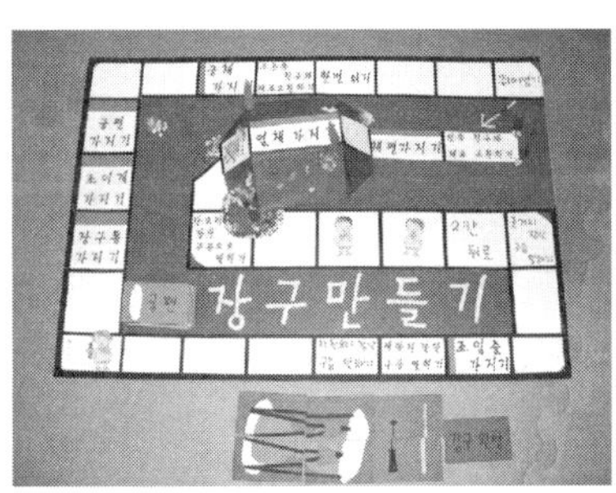

☯ 활용방법 8

【주사위 놀이】

주사위를 던져서 나온 구음이나 음표를 빈 정간보판에 붙이고 그것을 노래해 보는 놀이입니다. 하나의 주사위에는 손·발, 음표, 구음과 부호만 제시하고 '짱'도 넣어 줍니다. 또 다른 주사위에는 박자를 표시하는데 조이개(2칸), 조임줄(3칸), 궁채(1칸), 열채(뒤로 한칸) 등으로 표시하고 두 명이 한 조가 돼서 주사위를 던져 정간보판을 완성하는 게임입니다. 정간보판이 모두 완성되면 노래를 불러봅니다. 확장 활동으로 장구를 쳐 볼 수도 있습니다. 선생님이 장구를 쳐주셔도 되구요. 이때 주사위에 방울을 넣어 소리가 나면 더 재미있어 하겠지요.

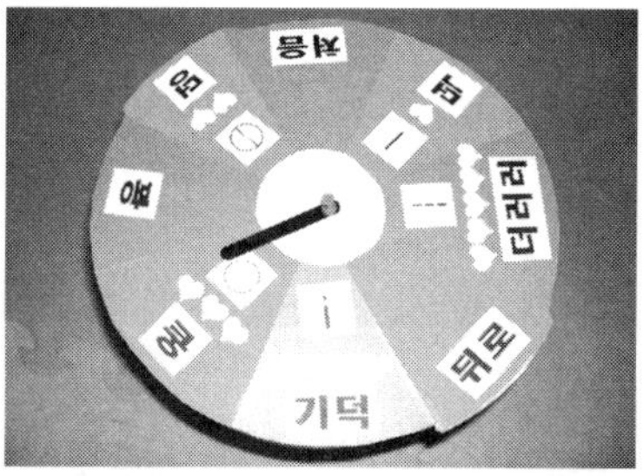

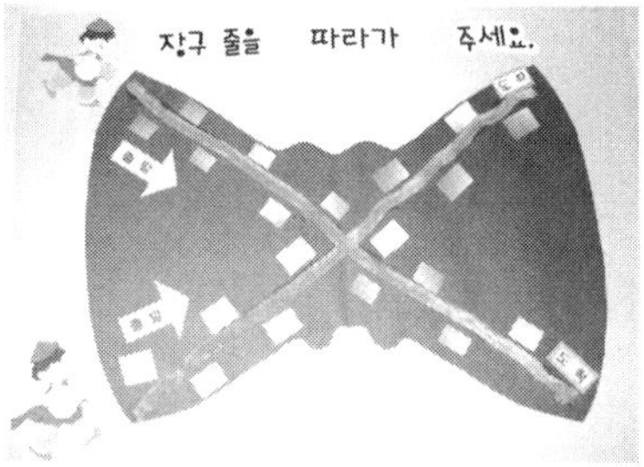

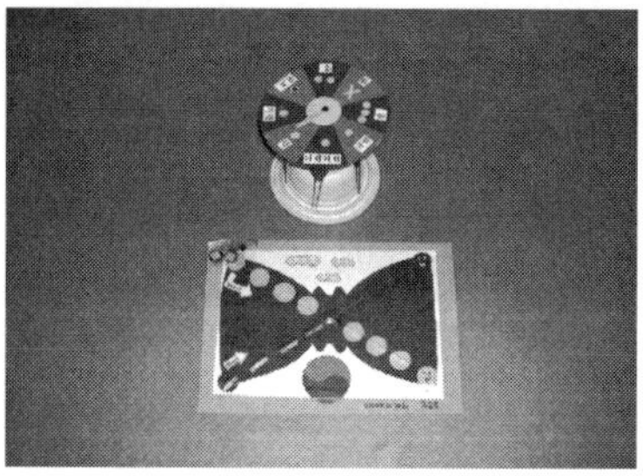

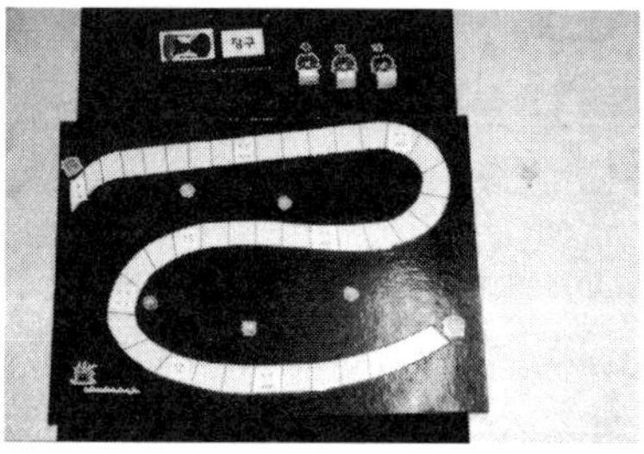

4. 부호 악보

구음	덩(떵)	쿵	덕	기덕	콩(넘김쿵)	더러러러
부호악보	⦶	○	│	i	○⃗	┆

부호 악보는 장구채를 이용해서 지도하는 방법입니다.

유아들에게 부호를 보여주고 궁구리채의 밑 부분을 보여주며 같은 그림을 찾게 하는 방법입니다. 또 열채를 보여주고 부호를 찾게 하고 장구채 두 개를 보여주고 부호를 찾게 하는 방법입니다. 무조건 가르치는 것보다는 유아들이 참여해서 찾게 하는 방법입니다. 유아들이 직접 찾게 되므로 효과적입니다.

❀ 쿵-부호 모양과 왼손 궁구리채 모양이 똑같다

❀ 덕-부호 모양과 오른손 열채 모양이 똑같다.

❀ 떵-부호 모양과 양손 열채, 궁채 모양을 합쳤다.

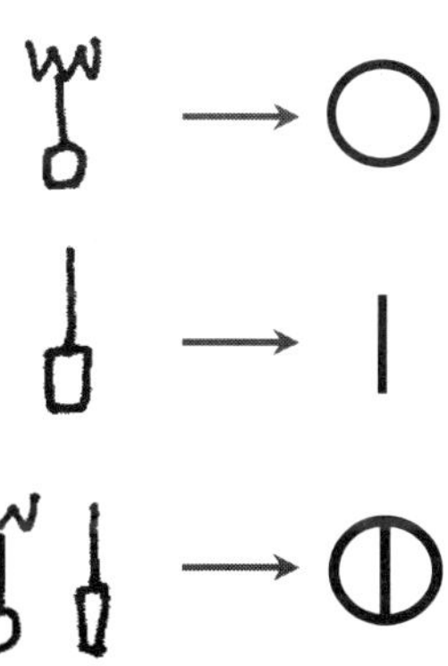

☯ 활용방법 1

【훌라후프 놀이】

훌라후프를 가지고 하는 놀이인데 '쿵'의 부호 역할을 훌라후프가 하는 것입니다. 유아들이 '덕'의 부호를 나타내며 훌라후프 안에 들어가서 '떵'을 만드는 놀이입니다. "떵을 만들어 보자"하면 유아들이 '떵'을 훌라후프를 이용해서 만들고 "덕을 만들어보자"하면 훌라후프 바깥에서 혼자 일자로 누우면 됩니다. '쿵'은 훌라후프를 그냥 놓으면 됩니다.

☯ 활용방법 2

【우리집에 왜 왔니?】

우 리 집 에 왜 왔 니?

개사 : 임 신 화

우리집에 왜왔니 왜왔니 왜왔니
쿵찾으러 왔단다 왔단다 왔단다.
무슨쿵을 찾으러 왔느냐 왔느냐
부호쿵을 찾으러 왔단다 왔단다(구음쿵 · 음표쿵)

유아들이 알고 있는 동요를 개사한 것인데 두 줄로 마주보고 서서 가사에 맞는 친구를 데려오는 게임입니다. 머리에 구음, 악보, 부호판을 쓰고 서있으면 다른 줄 친구들이 노래를 부르면서 나가 친구를 데려 옵니다. 통합적 게임으로 활용할 수도 있습니다. 구음, 음표도 이용할 수 있습니다. 예를 들어 모든 쿵 찾아오기, 음표 쿵만 찾기, 구음 쿵만 찾기 등입니다. 활용해 보세요.

☯ 활용방법 3

【부호 그림 그리기】

쿵 · 덕 · 떵 부호를 유아들에게 주고 그림을 그려보게 한다.

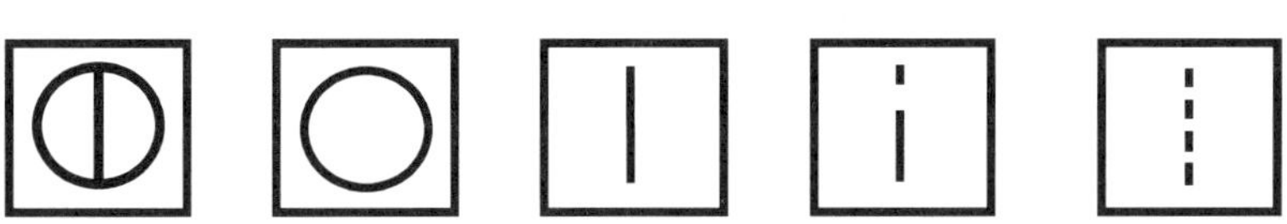

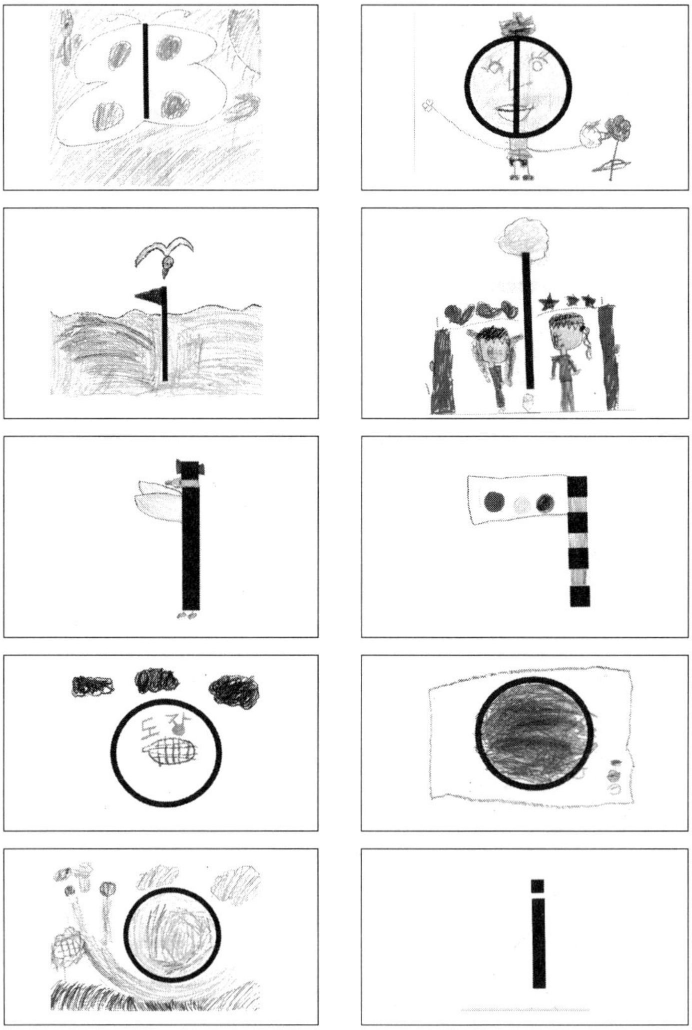

확장 활동으로는 그 부호를 가지고 동화를 만들어 이야기 나누기를 할 수 있습니다. 소재를 음식·동물 등을 정해주고 그림 그리게 한 후 그룹으로 동극이나 노래·의성어 찾기 등에 활용할 수도 있구요. 또 유아들에게 "오늘은 동물원에 가서 볼 수 있는 것을 부호를 이용해 그려보자. 그런 후에 그 그림을 가지고 동극을 해보자. 또 소리는 어떻게 내는지 흉내내보자."라고 해 볼 수도 있습니다.

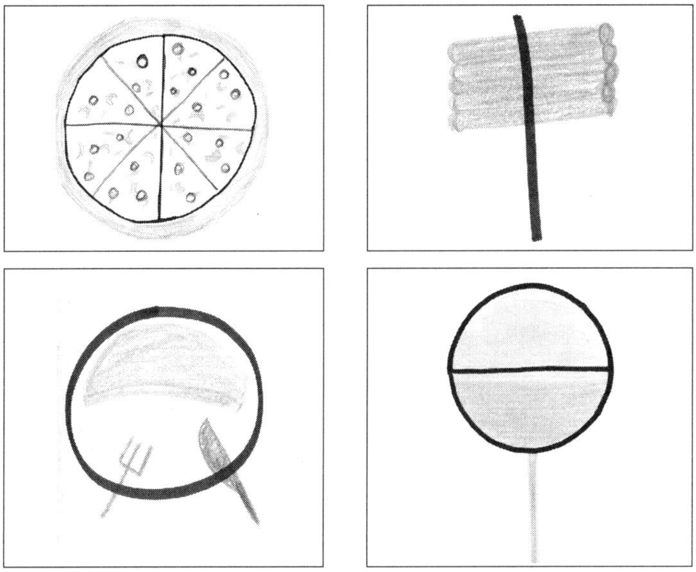

5. 음표 악보

구음	덩(떵)	쿵	덕	기덕	콩(넘김쿵)	더러러러
음표악보	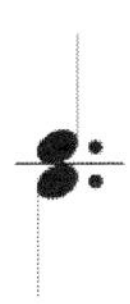				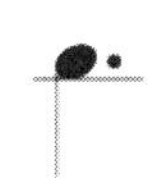	

음표 악보는 가족이야기를 통해 그림으로 음표를 익히게 하는 방법입니다.

음표 악보는 조금어렵지만 익혀야 할 악보입니다.

음표는 선을 기준으로 위에 음표가 있으면 오른손 채편, 아래에 음표가 있으면 왼손 궁편입니다. 음표가 위아래 같이 있으면 '덩'이구요. 음표 악보는 위와 아래를 구분시켜 지도해야 하며 위는 오른손 '덕', '기덕', '더러러러'를 사용할 수 있고 아래는 왼손 '쿵', '넘김쿵'을 사용합니다.

위와 아래의 음표를 '덕'과 '쿵'으로 구분해서 설명하는 방법도 있습니다. '쿵'의 가족은 '쿵'을 이용해 칠 수 있는데 넘겨치는 '넘김쿵'이 있습니다. '덕'의 가족은 '덕'을 이용해 칠 수 있는 '기덕'과 '더러러러'가 있습니다.

☯ 활용방법 1

【가족이야기】

'쿵' 식구 - '쿵' 식구에 '넘김 쿵(콩)'이 있는데 '콩'은 장구마을에 유일한 친구인 '덕' 친구 집에 놀러가는 것을 좋아해. 그래서 음표도 윗마을인 '덕' 친구 집에 그린단다.

'덕' 식구-'덕' 식구에는 '기덕'과 '더러러러'가 있는데 '기덕'은 꾸미기를 너무 좋아해 그래서 음표에도 꾸밈 음을 그려주고 '더러러러'는 흔들기를 좋아한단다. 그래서 장구를 칠 때 오른손을 흔들면서 치면 된단다.

☯ 활용방법 2

【단모리 내는 장단】

단모리 내는 장단

임신화 작사
임신화 작곡

단모리 내는 장단을 활용한 노래입니다. 리듬만 치면서 노래하면 됩니다.

활용방법 3

【그림 음표】

나무모양 활용한 구음판, 집, 옷, 아이스크림 모양 등을 활용하면 됩니다.

덩　　　　쿵　　　　덕

유아들에게 선을 기준으로 위와 아래를 구분시키기 위한 방법으로 그림을 통해 지도할 수 있습니다.

활용방법 4

【장구가족 아리랑】

장구가족 아리랑

임신화 개사
임신화 편곡

☯ 활용방법 5

【꼬마야 꼬마야】

개사 : 임신화

꼬마야 꼬마야 뒤를 돌아라
돌아서 돌아서 '떵'을 찾아라
'떵'을 찾아서 나무에 붙여라

덩 쿵 덕

노래를 불러주면 가사에 맞게 음표를 찾아 그려놓은 그림에 붙여 넣는 방법입니다.

'덕'은 위에 '쿵'은 아래에 '떵'은 위아래에 붙입니다.

'떵' 대신 '쿵', '덕', '넘김쿵' 등을 활용할 수 있고 나무 대신 꽃, 집, 아이스크림 등으로도 활용할 수 있습니다.

6. 기타 악보

숫자	하나아	두우울	세에엣	네에엣
삼각형			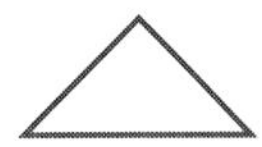	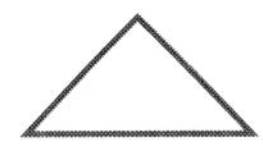

기타 악보에는 삼각형 악보가 있는데 유아들이 박자를 셀 때 유용한 악보입니다. 우리나라 음악은 3박자 계열이 많은데 3박자 계열의 장단을 셀 때 유용하게 사용할 수 있습니다. 박자를 셀 때 원래는 원을 그리면서 박자를 세야 하지만 유아들은 표현이 잘 되지 않습니다. 그래서 삼각형을 하나아・두우울・세에엣・네에엣 숫자를 세면서 그리는 방법입니다. 구음을 부르면서 그려도 되구요. 삼각형 악보 그리기가 잘되면 원을 그리듯이 그리면 됩니다. 빠른 박자일 때는 삼각형을 위로 들어 올리면서 구음을 할 수도 있습니다. 장단 익히기에서 활용해 보세요.

이번 장에서는 유아 장구 기보법의 다양한 활용방법을 알아보았습니다.

장구 악보는 그림과 색깔을 통해서 알아보았고, 구음 악보는 장구에서 나는 구음을 그대로 사용하였습니다. 손・발 악보는 장구의 왼쪽과 오른쪽의 구분을 손과 발을 이용해서 알아보았으며, 색깔로 구분하였습니다. 부호 악보는 장구채를 이용해서 쉽게 알 수 있도록 하였으며, 음표는 그림을 통해 위와 아래를 구분해서 알아보았습니다. 기타 악보에 삼각형 악보를 소개하였는데 3박 계열의 장단을 배울 때 유용하게 활용할 수 있습니다. 다양한 활용방법들 중 적합한 것 한 두 개만 활용하며 익혀보세요.

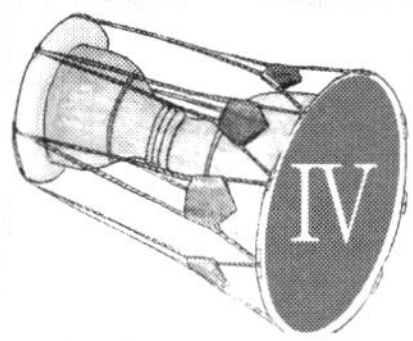

장구치기

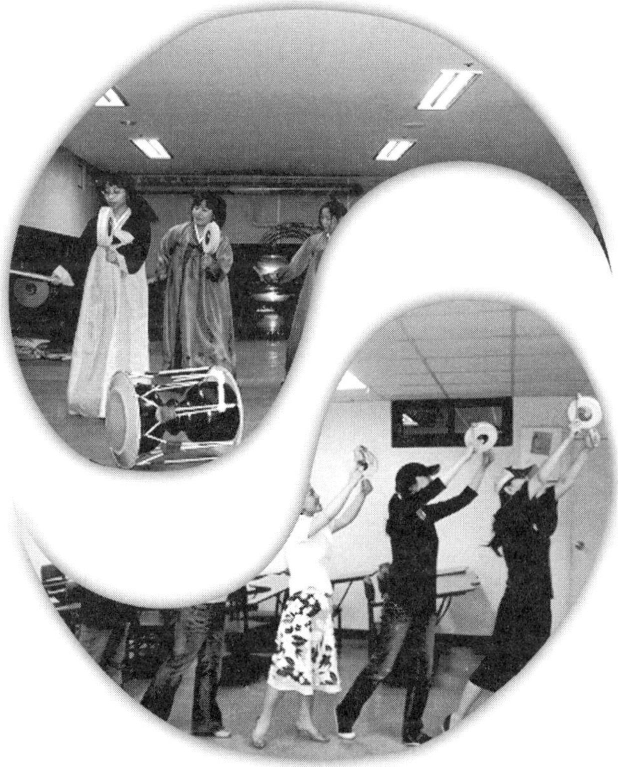

지금까지는 장구를 치기 위한 준비단계로 다양한 악보 읽기를 알아보았습니다. 이번 장에서는 지금까지 익힌 악보를 가지고 간단한 리듬을 쳐 보고자 합니다. 먼저 장구를 치기 전에 장구를 바르게 놓는 방법과 장구채를 쥐는 방법 등을 알아보고 쿵·덕·떵을 활용해서 간단한 리듬치기를 익혀 보도록 하겠습니다.

1. 장구 놓는 방법

장구를 활용할 때는 두 가지로 나눌 수 있는데 먼저 내가 주인공이 될 때와 내가 반주자의 역할을 할 때입니다. 장구가 주인공이 될 때는 사물놀이를 할 때처럼 궁구리채를 쥐고 다양한 기교를 부리며 크게 연주할 때인데 유아들이 활용하는 방법은 내가 주인공이 될 때입니다. 이때는 장구를 놓는 자세가 오른쪽 채편이 내 가슴 중앙 쪽에 오도록 장구를 약간 비스듬하게 놓는 방법입니다. 이런 자세는 다양한 왼손의 기교를 부릴 때 편리한 방법이기도 합니다. 또 다른 방법은 장구가 반주자의 역할을 할 때인데 이때는 다른 음악을 도와주는 역할을 하는 방법입니다. 왼손을 손바닥으로 치며, 오른손 채는 변죽을 치는 등 같이 연주하는 악기를 잘 도와주는 역할입니다. 이때는 장구를 놓는 자세 또한 다른데 장구를 바르게 내 앞에 놓고 칩니다.

장구는 왼쪽에는 궁편, 오른쪽에는 채편이 오도록 놓아야 합니다. 그런데 유아들은 장구의 왼쪽과 오른쪽의 구분을 어려워합니다. 한학기가 다 되도록 장구를 바르게 놓지 못하는 유아들도 있습니다. 쉽게 오른쪽에 채편이 올 수 있도록 지도하는 방법이 있는데 채편과 조이개를 이용하는 방법입니다.

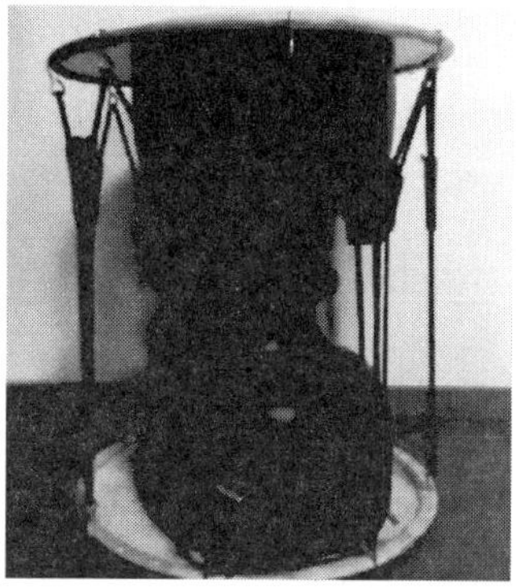

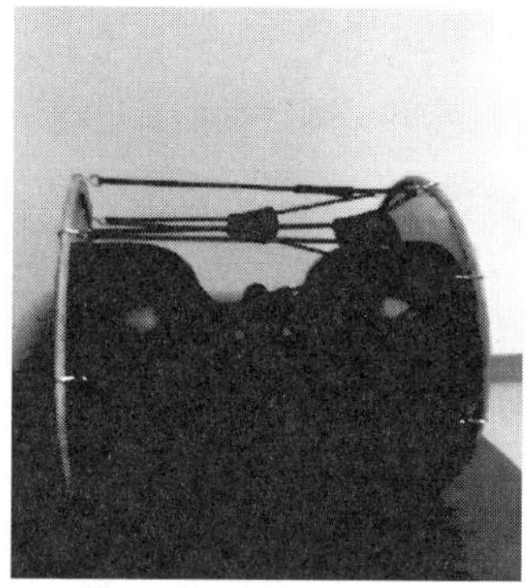

위의 그림은 먼저 채편 가죽이 궁편 가죽 보다 얇은데 가죽을 만져 보아서 얇은 쪽이 위로가게 놓도록 하고, 그 다음에는 조이개를 위로 올려 보도록 합니다. 이렇게 하면 채편이 위로 올라가 있는 것인데 이것을 모두 오른쪽으로 눕히게 하면 됩니다. 처음에 장구를 놓는 방법을 지도해 보세요. 그러면 장구 놓는 것 때문에 시간을 낭비하지는 않겠지요?

☯ 활용방법 1

【장구를 잡아요1】

장구를 잡아요1

임신화 작사
임신화 작곡

1. 아빠 다리 하 고 으 라 차 차 차
2. 내 앞에 장구 를
3. 얇은 가죽 위 로
4. 조이 개를 위로 올려
5. 오른 쪽에 눕 혀
6. 왼쪽 무릎 밑 에
7. 장 구를 잡아 요 얏!

장구를 놓은 방법을 노래로 구성해 보았습니다. 이 노래는 간단하게 리듬을 타면서 유아들과 주고받는 노래입니다. 앞부분을 교사가 노래하면 뒷부분을 "으라차차차"하면서 가사의 내용을 따라하는 방법입니다. 이 노래를 다 부르면 장구 칠 자세가 준비 된 것입니다. "으라차차차" 대신 "쿵덕쿵덕쿵", "얼쑤절쑤야" 등으로도 활용해 보세요.

☯ 활용방법 2

【장구를 잡아요2】

장구를 잡아요2

임신화 작사
임신화 작곡

랩하듯 주고 받는다

"장구를 잡아요1"를 통해 궁편 채편 구분이 잘 되면 조금 간단한 방법인 "장구를 잡아요2"를 활용하시면 됩니다. 연주를 하거나 장단을 익힐 때에는 "장구를 잡아요2"를 활용하세요.

2. 궁채 · 열채 잡기

장구를 칠 때 쥐고 하는 궁구리채와 열채를 잡는 방법을 알아보겠습니다.

먼저 궁채는 왼손에 쥐고 열채는 오른손에 쥡니다. 왼손에 쥐는 궁채는 손을 앞으로 편 후 엄지손가락과 새끼손가락에 끼운 후 가볍게 쥐는데 궁구리채의 동그란 부분을 엉덩이로 설명하고 엉덩이가 밑으로 가게 합니다. 또 오른손에 쥐는 열채는 손바닥을 벌려 가볍게 쥐는데 이때 주의 할 것은 열채의 속(깍인 부분)이 안쪽으로 오게 쥐는 방법입니다. 바깥에서 볼 때 대나무 껍질이 보이도록 해야 합니다.

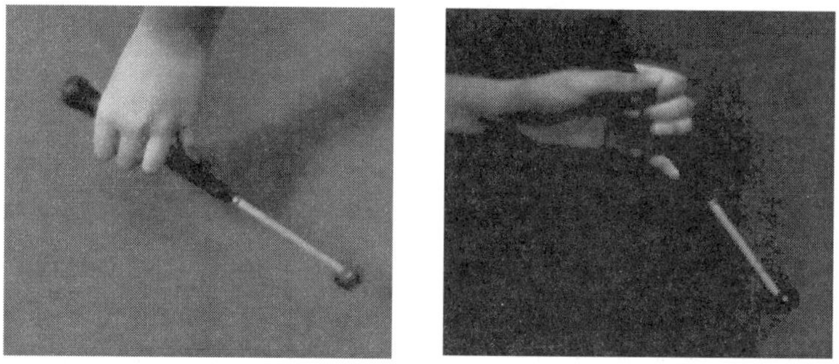

〈궁구리채〉

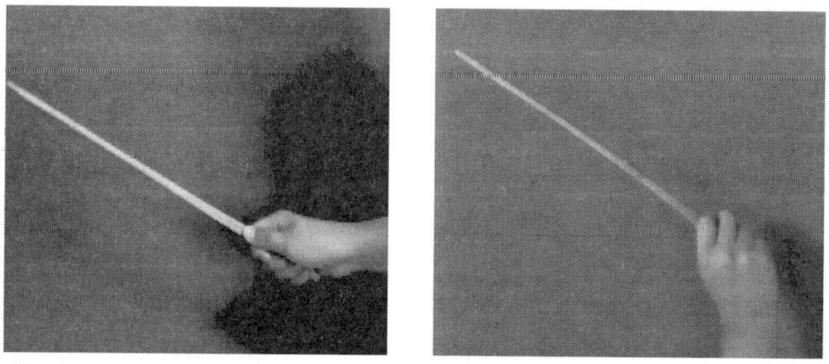

〈열채〉

☯ 활용방법 1

【장구채를 잡아보자】

쿵을 치러 간다. 쿵을 치러가

왼손엄지 새끼손가락

머리는 위로 엉덩이는 밑으로

왼손 궁편 쿵쿵쿵

덕을 치러 간다. 덕을 치러가

오른손 벌려 손바닥에

가볍게 쥐고 앞으로

오른손 채편 덕덕덕

노래를 익히기 전에 그림 가사판을 통해 장구채 쥐는 법을 익힙니다.

【장구채를 잡아보자】

장구채를 잡아보자

임신화 작사
임신화 작곡

장구채 잡는 방법을 노래로 익혀 본 것입니다. 먼저 그림 가사판을 통해 내용을 익히고 노래 부르면서 가사의 내용대로 장구채를 잡으면 됩니다.

◉ **활용방법 2**

【장구잡기 아리랑】

장구잡기 아리랑

임신화 작사
임신화 작곡

장구채를 잡는 방법을 아리랑을 통해서도 익힐 수 있습니다.

3. 장구 소리내기

장구 장단을 치기 전에 '쿵'과 '덕'과 '덩'을 구분해서 소리 내도록 하는 방법으로 노래를 통해 익혀보는 방법입니다.

'쿵'치는 법은 왼쪽 궁편에 궁구리채를 쥐고 궁편의 가운데를 튕기듯이 힘을 빼고 쳐줍니다. 궁편을 친 후에는 궁구리채의 밑부분이 궁편에서 떨어져 있어야 합니다.

'덕'치는 법은 오른쪽 채편에 열채를 쥐고 장구채를 세워서 채편을 칩니다. 채편 팔을 쭉 뻗은 상태로 장구채를 세워서 장구를 칩니다. 채편을 친 후에는 열채 끝은 떨어지도록 합니다.

'떵'치는 법은 궁편과 채편을 동시에 치는데 궁채는 위·아래로, 열채는 옆으로 칩니다. 동시에 궁편과 채편이 같이 소리 나도록 합니다. 떵을 친 후에는 왼손 궁편은 위로, 오른손 채편은 장구에 붙입니다. 떵은 크게 소리 내고 고개도 많이 숙입니다.

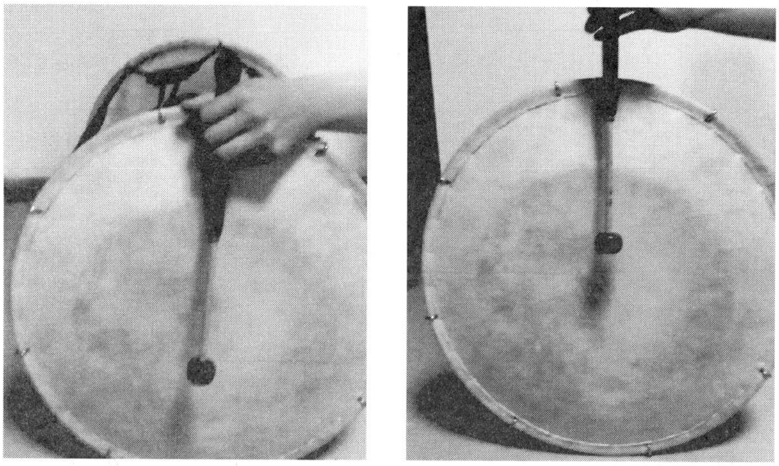

〈쿵〉

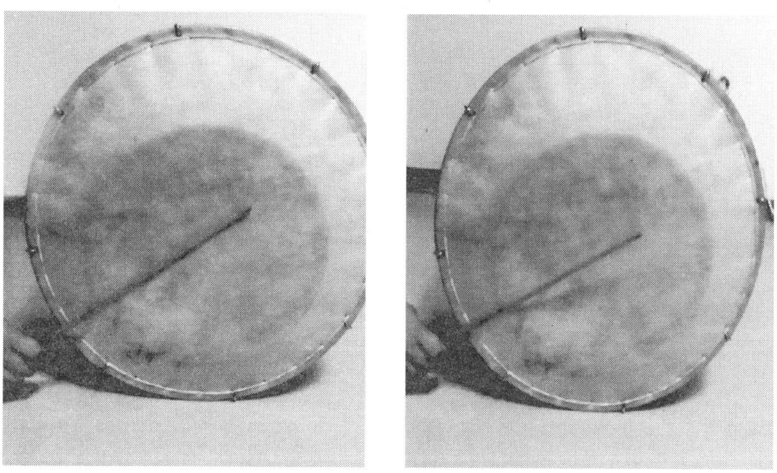

〈덕〉

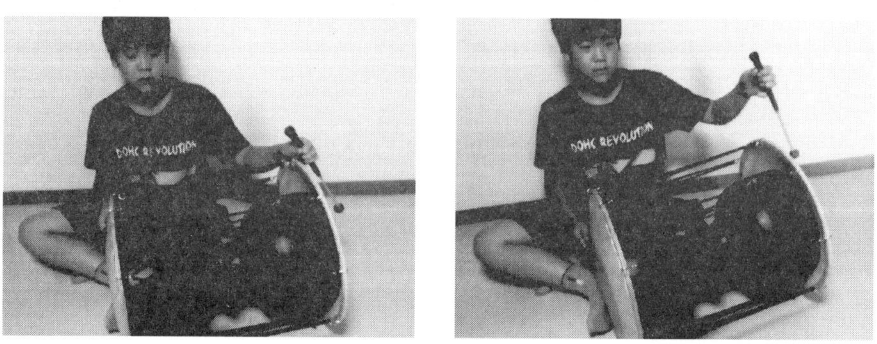

〈떵〉

☯ 활용방법 1

【장구놀이】

개사 : 임신화

왼손 궁채 올라갑니다. 쿵

오른손 열채 올라갑니다. 덕

하늘에서 만났습니다. 떵

장구치러 내려옵니다. 얏

【장구놀이】

장구놀이

임신화 개사
임신화 편곡

이 노래는 먼저 그림 가사판을 작성한 후 노래를 지도할 수 있는데 유아들에게 익숙한 곡을 개사·편곡한 곡입니다. 1절은 율동을 통해 왼손 궁채로 치면 '쿵'소리, 오른손 열채로 치면 '덕'소리, 양손으로 같이 치면 '떵'소리가 난다는 것을 익히게 하면 됩니다. 2절은 노래를 부르며 직접 장구를 치는 방법입니다. 가사에 맞게 장구를 치면 되고 리듬도 다양하게 활용하세요. 또 앞에서 배운 여러 가지 장구 악보를 활용할 수도 있답니다. '쿵'을 부호로 그려 넣을 수도 있고 손·발 악보, 음표, 장구 악보 등도 활용할 수 있습니다.

☯ 활용방법 2

【장구치면 소리가】

장구치면 소리가

임신화 개사
임신화 편곡

이 곡은 "하나하면 할머니가"라는 곡을 편곡·개사한 곡입니다.

이때도 첫째 줄을 노래 할 때는 가사에 맞는 율동을 하고 두 번째 줄은 장구 리듬에 맞게 구음을 부르면서 장구를 치면 됩니다.

4. 3박 계열의 리듬치기

우리나라 음악의 특징 중 하나가 3박 계열의 리듬이 많이 사용되고 있다는 특징이 있습니다. 이것을 언어를 통해 익히게 하는 방법입니다. 유아들은 2박 계열의 리듬에 익숙해 있어서 3박 계열의 리듬을 어려워합니다. 유아들이 좋아하는 노래나 단어, 문장 등을 통해 흥미롭게 접근해 봅시다.

효과적인 방법으로는 언어를 통한 리듬치기가 있습니다. 이 방법은 창의적 학습방법으로 많이 사용하는 방법 중 하나인데 다양한 방법으로 익힐 수 있습니다.

1) 노래를 통해 리듬익히기

우리에게 익숙한 동요를 개사해서 리듬을 익히게 합니다.

☯ 활용방법 1

【곰 세 마리】

개사 : 임신화

곰 세 마리가 한 집에 있어 아빠 곰 엄마 곰 애기 곰

아빠 곰은 **떵떵떵** 엄마 곰은 **떵덩덩** 애기 곰은 **덩덩덩**

떵덩떵덩 잘한다

이 곡은 큰소리 작은 소리에 응용할 수 있으며 떵·쿵·덕 모두 활용할 수 있습니다. 글씨가 크고 진한 것은 크게, 작고 흐린 것은 작게 소리 냅니다.

☯ 활용방법 2

【우리 모두 다같이】

개사: 임신화

1. 우리 모두 다같이 왼손을 얼쑤
궁채를 얼쑤
즐거웁게 장구쳐
궁채로 쿵쿵쿵()

2. 우리 모두 다같이 오른손 절쑤
열채를 절쑤
즐거웁게 장구쳐
열채로 덕덕덕()

3. 우리 모두 다같이 왼손을 얼쑤
오른손 절쑤
즐거웁게 장구쳐
양손을 덩덩덩()

노래에 맞춰 율동을 하다가 '쿵쿵쿵', '덕덕덕', '덩덩덩' 구음 부분에서 장구를 칩니다.

2) 단어를 통해 리듬익히기

유아들이 좋아하는 동물, 꽃, 과일, 만화 케릭터 등을 활용해서 리듬을 익히는 방법입니다.

활용방법 1

【리듬치기】

❀ 동물의 울음소리

♩ ♪ ♩ ♪ | ♪ ♪ ♪ ♪ ♪ ♪ | ♪ ♩ ♪ ♩

사 자 어 흥 호 랑 이 으 르 렁 토 끼 깡 총
오 리 꽥 꽥 고 양 이 야 – 옹 생 쥐 찍 찍
파 리 윙 윙

❀ 악기소리

♩ ♪ ♪ ♪ ♪ | ♩. ♪ ♪ ♪ | ♪ ♪ ♪ ♪ ♪ ♪

장 구 쿵 쿵 쿵 북 둥 둥 둥 꽹 과 리 갱 개 갱

❀과일색깔

♪ ♩ ♩ ♪ | ♪ ♪ ♪ ♩ ♪ | ♬ ♪ ♪ ♩ ♪

사 과 빨 강 바 나 나 노 랑 파 인 애 플 초 록
포 도 보 라 오 렌 지 주 황
수 박 초 록

❀ 과일맛

♩ ♪ ♪ ♪ ♪ ♪ ♪ ♪ | ♪ ♪ ♪ ♪ ♪ ♪ ♪ ♪ ♪

사 과 새 콤 해 달 콤 해 바 나 나 달 콤 해 향 긋 해

❀ 색깔

교사가 먼저 단어를 제시하면 유아들이 동물의 소리를 흉내내면서 리듬을 치는 방법입니다. 유아들이 자유롭게 단어를 말하며 장구를 치게 한 후 리듬을 3박 계열로 고쳐주면 됩니다. 이때 단어에 맞는 리듬을 만들어 주세요. 예를 들어 토끼가 깡총 뛰는 모습을 리듬으로 친다면 깡-총 보다는 깡총- 이 더 가볍게 뛰는 모습을 표현할 수 있겠죠.

3) 문장을 통해 리듬익히기

단어를 통해 리듬을 익힌 후에는 문장을 통해 익히는데 연령에 맞춰 다르게 익히게 합니다.

❀ 

내이름은--○○○다--

김치찌개-- 보글보글보글 ()

호랑이는-- 어-흥 어-흥 ()

❀ 

세마치장-단 얼씨구좋-다

❀ 

휙--떨어져 핑--뒹구네

아--달빛이 참--둥글다

야--저것봐 참--신기해

❀ 

방 울 종 딸랑딸랑딸랑

천 둥 이 우르르르꽝꽝

병 아 리 삐약삐약삐약

별 빛 이 반짝반짝반짝

구 름 이 뭉개뭉개뭉개

교사가 먼저 해당 단어를 제시하면 유아들이 받아서 치는 방법입니다. 3박 계열의 리듬을 잘 칠 수 있도록 반복학습을 하고 유아들이 흥미로워하는 단어들이나 문장으로 만들어서 지도하시면 됩니다. 유아들이 좋아하는 만화 케릭터도 좋구요. 여기나온 모든 리듬은 쿵·덕·덩을 모두 활용하실 수 있는데, '쿵'만 먼저 쳐보고 다음에는 '덕'만, 잘 되면 '떵'만 쳐보자고 할 수 있습니다. '넘김쿵(콩)'을 활용하실 수도 있구요.

4) 장단을 통해 리듬익히기

아동들이 재미있어 하는 자진모리·단모리 장단을 통해 리듬을 익혀보는 방법입니다.

☯ 활용방법 1

【자진모리 · 단모리 장단 익히기】

나무노래

임신화 작사
임신화 작곡

자진모리 장단

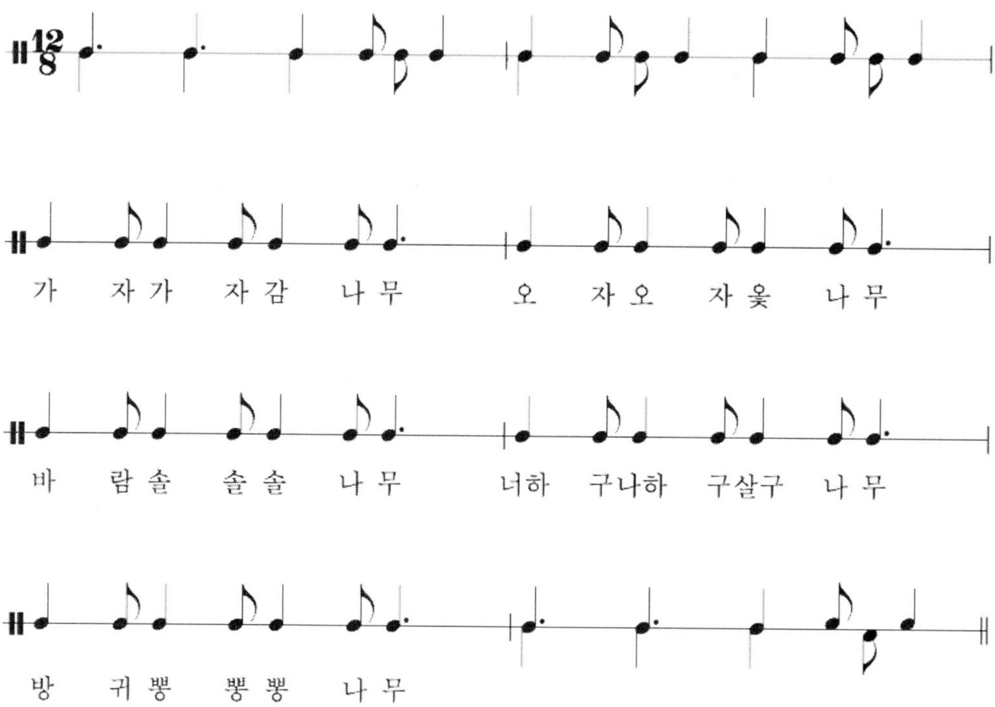

단모리 장단

위의 장단은 자진모리・단모리 장단을 말로 재미있게 할 수 있도록 개사한 것들입니다. 특별한 음을 하는 것이 아니라 리듬만 살려서 지도하시면 됩니다. 랩 하듯 장단의 처음을 강조해서 지도하면 됩니다.

❀ 과일나무

주렁주렁 사과나무, 포동포동 포도나무, 올망졸망 앵두나무,
노랑노랑 레몬나무, 초록초록 수박나무, 보라보라 포도나무,
빨강빨강 앵두나무, 주황주황 귤나무

❀ 우리가족

하하하하 우리아빠, 호호호호 우리엄마, 해해해해 ○○○,
웃음 꽃피는 우리가족, 앙앙앙앙 내동생

❀ 밥

둥글 둥글 김밥, 가마솥에 누룽지밥, 이것저것 비빔밥, 지글지글 볶음밥, 주물주물 주먹밥, 도미솔도 콩나물밥, 아무거나 잘먹으면, 천하장사 힘장사

❀ 동물

껑충껑충 산토끼, 엉금엉금 거북이, 꾀꼴꾀꼴 꾀꼬리, 멍멍멍멍 강아지, 간질간질 송충이

이밖에 다른 것들도 개사해서 사용할 수 있습니다. 아이들이 좋아하는 만화 캐릭터를 활용해 보면 더욱 좋겠지요? 또 가사에 맞는 율동을 넣어서 손유희도 해보세요.

5) 감상을 통해 리듬익히기

감상을 통해 익히기는 국악동요나 전래동요, 민요 등 3박 계열의 리듬이 많은 곡들을 감상시킨 후 어려운 리듬도 들으면서 익힐 수 있도록 지도하는 방법입니다. 장구를 치는 것은 어려울 수 있으나 리듬을 따라 읽을 수는 있기 때문에 많이 들려주고 따라하도록 하면 됩니다.

☯ 활용방법 1

【참외밭에 삽살개】

작사 박범훈
작곡 박범훈

욕심 많은 삽살개 참외도둑하려고 참외밭에 갔다가 참외넝쿨 걸려서 **떼굴-떼굴- 떼데굴** 참외줘도 **깽깽** (참외줘도 깽깽) 안아줘도 **갱깽**(안아줘도 깽깽) 놔달라고 **깽깽 깽-깽깽**

☯ 활용방법 2

【창작동요 듣기】

잠자리야잠자리야. 농사소리. 싸름싸름. 실구대소리. 이거리저거리각거리. 참새야참새야. 쥐생원. 둥글둥글 둥실둥실. 탈춤놀이. 이쁘고타령. 우리장단배워보자. 구음 풍물놀이. 별하나 꿈하나. 동지팥죽 등

위의 창작곡들은 "국악동요제"에서 불려진 동요들이 많은데 동요제 곡들을 묶어놓은 책이 있습니다. 그 책을 참고해서 활용해 보세요.

이번 장에서는 장구를 치기 위한 준비 단계로 장구 놓는 자세, 장구채 쥐는 방법 등을 알아보고 장구를 쳐서 소리 내는 방법을 알아보았습니다. 장구소리를 낸 후에는 단어·문장·장단·감상을 통하여 3박 계열의 리듬을 익히는 법을 배워 봤습니다. 연령별로 선택해서 유아들의 수준에 맞게 활용해 보시고 '덩(떵)', '쿵', '덕'을 하나하나 따로 해서 활용해 보세요. 또 유아들이 직접 리듬을 만들어 볼 수 있도록 해보면 더욱 좋겠지요.

V 장단익히기

앞장에서 익힌 내용들은 유아들이 장단을 잘 치기 위한 방법들입니다. 이번 장에서는 장단을 익혀 볼 것입니다. 유아들이 익히기에 적합한 몇 가지 장단을 소개해 보겠습니다. 먼저 인사 장단 · 굿거리 · 세마치 · 자진모리 · 단모리 장단 등입니다. 여기에 제시한 장단들은 기본 장단뿐 아니라 유아들에게 적합한 변형 장단도 활용해 보았습니다.

구음중심 악보 · 유아장구 악보 · 음표중심 악보를 통해 장단을 익히고 활용방법과 활용 작품을 소개해 볼 것입니다.

구음중심 악보는 구음 · 숫자 · 말 · 손뼉 · 발장단을 통해 말과 몸으로 장단을 익혀보는 방법인데 구음은 '덩' · '덕' · '쿵' · '넘김쿵'을 중심으로 하였고, 숫자는 삼각형을 그리면서 숫자를 세는 방법입니다. 굿거리 · 세마치 · 자진모리 장단 등 3박자 계열의 장단을 배울 때 유용합니다. 말은 언어를 통해 익히는 방법이고, 손뼉장단은 장구의 리듬이 나오는 곳에서만 박수를 치는 방법입니다. 발장단은 왼발은 '쿵' · 오른발은 '덕' · 양발은 '떵'을 구르면 됩니다. 무릎으로 활용하셔도 됩니다.

유아장구 악보는 장구 · 구음 · 손발 · 부호 악보를 통해 장단을 익힐 수 있도록 유아 악보를 제시하였습니다. 장구 악보는 장구를 그대로 그려 놓고 장구 그림을 보면서 익히는 방법이고, 손발 악보는 손이나 발을 그려 놓고 익히는 방법인데 왼손(발)은 '쿵' · 오른손(발)은 '덕' · 양손(발)을 '덩'으로 읽습니다. 손발의 그림을 보면서 악보를 읽는 방법입니다. 부호 악보는 궁채와 열채를 그대로 보고 익히는 방법인데 궁채는 '쿵' · 열채는 '덕' · 궁채+열채는 '떵'입니다.

음표중심 악보는 음표를 중심으로 장단을 익히는 방법인데 유아들에게는 어려울 수 있는 방법입니다. 그러나 연습을 통해 충분히 익힐 수 있는 방법입니다. 선을 기준으로 음표가 밑에 있으면 쿵( ) · 음표가 위에 있으면 덕( ) · 음표가 위아래 다 있으면 떵( )입니다. 넘김쿵( )은 선을 기준으로 음표는 위에 있으면서 꼬리는 내려가 있는 것입니다. '쿵'인데 '덕'에 걸쳐있는 모양이 됩니다. 구분하는 것이 조금 어렵기 때문에 구음이나 말 등 유아들이 쉽게 익힐 수 있는 방법과 같이 소개해 보았습니다.

이렇게 다양하게 장단을 익힌 후에는 해당 장단에 맞는 신체활동이나 말장단 등 활용방법을 소개하고 각 장단에 맞는 활용작품도 넣었습니다. 여기에 소개한 모든 방법을 다 하는 것이 아니라 연령에 맞게 유아들의 수준에 맞게 선택하셔서 활용하시면 됩니다.

1. 인사 장단

인사 장단은 유아들과 만나고 헤어질 때 쓸 수 있는 장단이며 여기에 소개한 인사 장단은 사물놀이에서 쓰는 일반적인 인사 장단입니다.

먼저 인사하는 방법을 장단을 통해 알아보고, 생활주제별로 구분해서 여러 가지 예를 살펴보도록 하겠습니다.

유아들에게 인사 장단을 지도할 때는 먼저 말장단으로 익히게 하고 천천히 손유희를 통해 인사놀이를 합니다. 율동을 통해 인사 장단을 익힌 후에는 개념을 확장시켜 식물・동물・강아지・친구들・사물・어버이날・큰절 등을 인사 장단으로 활용하고 그 가사에 맞는 율동을 만들어서 같이 해볼 수 있습니다.

말장단	안녕-	안녕-	선생님께	안-녕
손장단				
삼각형	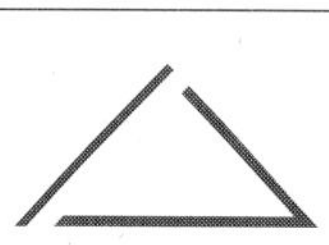	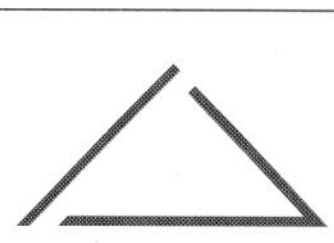	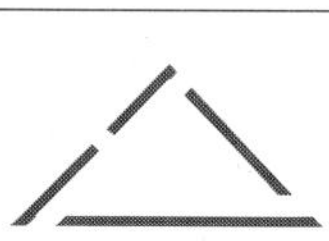	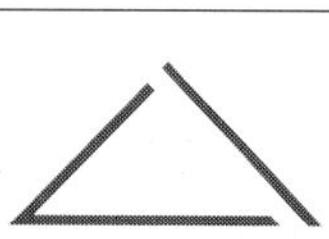

먼저 말장단으로 유아들이 모두 노래를 크게 부르며 참여할 수 있도록 유도합니다. 천천히 삼각형 하나씩을 그리며 따라하게 합니다. 말장단의 소재는 선생님・가족・친구・식물・동물 등 유아들이 흥미 있어 하는 소

재를 제시해서 말을 만들어 보면서 친근하게 참여할 수 있도록 합니다. 활용방법에 소개한 내용을 참고하세요.

말장단을 할 때 손장단을 치면서 하는데 손장단은 장구를 치는 박자에만 박수를 치고, 나머지는 율동을 넣어서 표현해 보는 방법입니다. 장구를 치는 박자에만 박수를 쳐주고, 나머지 박자에는 인사하는 모양을 흉내내는 방법입니다. 위의 그림을 참고해서 율동을 하는 것입니다. 간단한 손유희를 할 수 있겠죠.

삼각형 장단은 삼각형을 그리면서 인사 장단의 리듬을 익히는 방법인데 점 사분음표(♩.)를 기준으로 4개를 그리면서 인사를 하는 것입니다. 이것은 8분음표(♪)가 12개 들어 있는 $\frac{12}{8}$ 박자를 나타내는데 점 사분음표 (♩.) 4개로 이루어져 있습니다. 숫자를 크게 부르면서 삼각형을 그려 봅니다. 삼각형을 그릴 때는 처음 내려 긋는 선을 세게 그리고 숫자를 세면서 소리를 크게 내도록 합니다. "하나아 두우울 세에엣 네에엣" 이렇게요. 고개도 많이 숙이게 하고 율동과 같이 하면 훨씬 효과적입니다.

1) 구음중심 악보

인사 장단

구음	덩	덩		덩	덩		더더	덩	덩	덩		딱
숫자	하	나	아	두	우	울	세	에	엣	네	에	엣
말	안	녕		안	녕		선생	님	께	안		녕
손뼉	짝	짝		짝	짝		짜자	작	작	짝		딱
발	양	양		양	양		양양	양	양	양		딱

∴ '더더'는 '덩덩'을 빨리 칠 때 나는 구음입니다.
'딱'은 장구의 변죽을 칩니다.

구음중심 장단은 구음을 기본으로 하는 장단입니다. 먼저 교사가 장구를 치면 아동들은 구음을 크게 부르면 됩니다. 그 후에는 삼각형을 바닥에 그리면서 숫자장단을 부릅니다. 이때 첫 번째 박에서는 더 큰소리로 노래합니다. 말장단은 장단을 치는 박에 말을 넣는 방법인데 아동들이 말을 만들어서 해보게 합니다. 다양한 말은 활용방법에 제시하였습니다. 손뼉 악보는 양손을 같이 치는 '덩'만으로 되어 있어서 리듬에 맞게 양손을 치면 되고, 발악보도 손과 똑같은 방법으로 양발을 구르면 됩니다. 인사장단은 양손을 같이 치는 리듬만 있어서 쉽게 칠 수 있습니다.

2) 유아장구 악보

인사 장단

장구												
구음	덩	덩		덩	덩		더더	덩	덩	덩		딱
손발												
부호	⦶	⦶		⦶	⦶		⦶⦶	⦶	⦶	⦶		|

∴ '더더'는 '덩덩'을 두 번 치는 것입니다.

인사 장단 악보는 앞에서 배운 유아장구 악보를 바탕으로 만든 것인데 아동들이 가장 재미있어 하는 악보를 사용해서 장단을 익혀보시면 됩니다.

3) 음표중심 악보

【인사 장단】

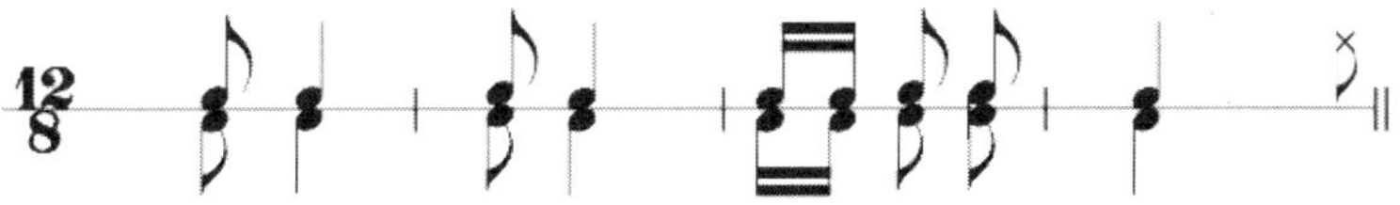

구음	덩	덩	-	덩	덩	-	더	더	덩	덩	덩	-	딱
말	안	녕	-	안	녕	-	선	생	님	께	안	-	녕

음표를 중심으로 익히는 방법입니다.

∴ 는 장구의 채편 위쪽 변죽을 칩니다. 장단을 맺거나 다음 장단으로 넘어갈 때 많이 사용합니다.

4) 활용방법

【팀별 신체활동 놀이】

인사 장단

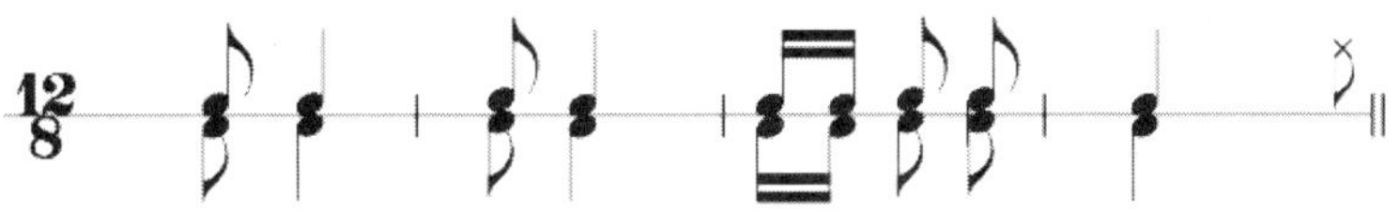

짝 짝 인사 짝 짝 인사 짝 짝 짝 짝 짝 무릎 딱

음표가 있는 부분에만 손뼉을 치고 나머지 박자에는 인사하는 모양을 하는 방법입니다.

∴ 인사는 이마에 오른손을 대고 경례를 하는 모습입니다.

5) 활용작품

장단을 배우는 방법 중 말로 리듬을 익히는 방법인데 유치원에서 사용하는 생활주제에 맞춰 인사 장단을 배우도록 하는 방법입니다.

① 생활 주제별 인사 장단

다음은 인사 장단의 확장활동으로 생활 주제별 인사 장단을 말로 만들어 보았습니다.

여기에 나와 있는 예를 활용해서 사용해 보시고 율동도 만들어 보면 효과적입니다.

인사를 한 가지 내용으로만 하는 것이 아니라, 월별 주제에 맞게 매달마다 다르게 지도해 보도록 하구요. 추석이나 설 등 우리의 고유한 명절에는 우리의 가락으로 세배를 해보면 더 재미있겠죠. 또 모든 유아들이 참여할 수 있도록 해보세요.

【인사 장단】

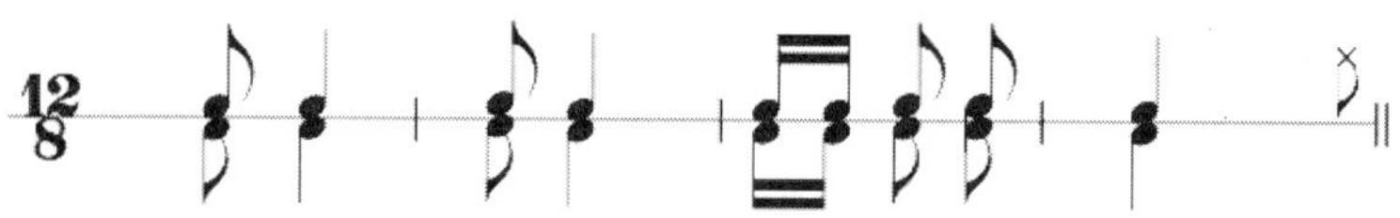

❀ 나와 유치원

안녕-안녕-선생님께 안-녕　　안녕-안녕-친구들아 안-녕
안녕-안녕-개나리반 안-녕　　안녕-안녕-진달래반 안-녕
짝짝-짝짝-친구들과 짝-짝

❀ 가족과 이웃

엄마-아빠-감사해요 감-사　　엄마-아빠-사랑해요 하-트
삐뽀-삐뽀-경찰아찌 삐-뽀

❀ 계절

팔랑-팔랑-호랑나비 안-녕 출렁-출렁-파도소리 철-썩
바다-바다-파란조개 안-녕 바삭-바삭-낙엽소리 가-을
송이-송이-하얀눈꽃 흰-눈 바다-바다-파란하늘 안-녕

❀ 건강한 몸과 마음

튕겨-튕겨-손가락을 튕-겨 씰룩-씰룩-엉덩이를 씰-룩

❀ 동물

찍찍-찍찍- 생쥐들아 안-녕 멍멍-멍멍- 강아지야 안-녕
삐약-삐약 -병아리야 안-녕 어흥-어흥- 호랑이야 안-녕
방가-방가- 햄토리야 안-녕 쫀득-쫀득- 오징어야 안-녕
빨강-고추- 잠자리야 윙-윙 피카-피카- 피카추야 안-녕
뻐끔-뻐끔- 물고기야 안-녕 꿈틀-꿈틀- 지렁이야 안-녕
붕붕-붕붕- 꿀벌들아 안-녕 끽끽-끽끽- 돌고래야 안-녕
부엉-부엉- 왕자부엉 안-녕 보항-보항- 공주부엉 안-녕
토실-토실- 다람쥐야 안-녕 짹짹-짹짹 -참새들아 안-녕

❀ 지구와 환경

반짝-반짝-북두칠성 반-짝 일곱-색깔-무지개야 안-녕

❀ 교통기관

칙칙-칙칙-기차놀이 칙-폭 슝슝-슝슝-로케트야 안-녕
팔랑-팔랑-헬리콥터 팔-랑

❀ 도구와 기계

갱갱-갱갱-꽹과리야 안-녕 청홍-둥당-가야금아 안-녕
찰찰-찰찰-탬버린아 안-녕 통덩-통덩-방아찧자 얼-쑤

❀ 우리나라와 다른 나라

피라-미드- 이집트야 안-녕 단일-민족-대한민국 만-세
풍차-나라- 네델란드 안-녕

❀ 특별한 날들

축하-축하-생일축하 ○-○ 얼쑤-절쑤-힘을내요 ○-○
쫄깃-쫄깃-송편먹자 추-석 쿵덕-쿵덕-찧어보자 방-아
까치-까치-설날이다 세-배 세배-하고 떡국먹자 꿀-꺽

❀ 과일

주렁-주렁-사과나무 사-과 송이-송이-포도나무 포-도
노랑-노랑-레몬나무 새-콤 노랑-노랑-바나나야 달-콤

❀ 장구 인사

왼손-궁채-쿵쿵쿵쿵 안-녕 오른손열채-덕덕덕덕 안-녕
왼손-넘겨-콩콩콩콩 안-녕 양 손-같이-덩덩덩덩 안-녕

2. 굿거리 장단

굿거리 장단은 유아들이 배우는 장단 중에서 조금 느린 장단인데 삼각형(♩. 점 사분음표)하나를 천천히 그리면서 장단을 배워봅니다.

점 사분음표 4개가 모여 이루어진 장단입니다. 삼각형을 느리게 4개 그리면 됩니다.

굿거리 기본 장단

구음	덩		기덕	쿵	더러	러러	덩		기덕	쿵	덕	
숫자	하	나	아	두	우	울	세	에	엣	네	에	엣
말	덩		기덕	쿵	더러	러러	굿		거리	장	단	
손뼉	짝		짜작	짝	자자	자자	짝		짜짝	짝	짝	
발	양		오오	왼	오오	오오	양		오오	왼	오	

이 장단은 굿거리 기본 장단입니다. 유아는 '기덕'이나 '더러러러'를 배우지 않았기 때문에 이 장단은 적합하지 않습니다. 그렇지만 교사들이나 고학년의 아이들은 사용할 수 있으며 유아들은 다음에 나오는 변형장단을 통해 익히게 하는 것이 좋습니다.

1) 구음중심 악보

굿거리 장단1

구음	덩		덕	쿵		덕	쿵		덕	쿵	덕	
숫자	하	나	아	두	우	울	세	에	엣	네	에	엣
말	장		구	구		음	쿵		덕	쿵	덕	
손뼉	짝		짝	짝		짝	짝		짝	짝	짝	
발	양		오	왼		오	왼		오	왼	오	

∴ '덩'을 크게 치면 '떵'이라고 합니다. '덩'을 '떵'이라고 표기해도 됩니다.
숫자장단은 삼각형을 그리면서 구음을 노래합니다.
마지막 '쿵덕' 후에는 "허이"를 합니다.

먼저 교사가 장구를 치면 아동들은 구음을 크게 부르면 됩니다. 굿거리 장단은 덩·덕·쿵이 모두 나오기 때문에 교사가 장구를 통해 구음을 많이 익히게 한 후 다음 단계로 넘어가면 됩니다. 숫자장단은 삼각형을 바닥에 천천히 그리면서 숫자장단을 부릅니다. 이때 첫 번째 박에서는 더 큰소리로 노래하고 고개도 많이 숙이고 노래도 크게 합니다. 말장단은 장단을 치는 박에 말을 넣는 방법인데 아동들이 말을 만들어서 해보게 합니다. 다양한 말을 활용해 볼 수 있습니다. 손뼉 악보는 리듬이 나오는 곳에서만 손뼉을 치면 됩니다. 발 악보는 '덩'이 나오면 양발·'쿵'이 나오면 왼발·'덕'이 나오면 오른발을 구르면 됩니다. 책상에 쳐도 되고 무릎을 쳐도 됩니다. 굿거리 장단은 천천히 쳐야 되고, '덩'이 나오면 노래도 크게 하고 고개도 많이 숙여 큰소리를 표현하면 됩니다.

굿거리 장단2

구음	덩		덕	콩		덕	콩		덕	콩	덕	
숫자	하	나	아	두	우	울	세	에	엣	네	에	엣
말	장		구	구		음	쿵		덕	쿵	덕	
손뼉	짝		짝	짝		짝	짝		짝	짝	짝	
발	양		오	왼		오	왼		오	왼	오	

∴ '콩'은 '넘김쿵'입니다. 마지막 '콩덕' 후에는 "허이"를 합니다.

"굿거리 장단2"는 "굿거리 장단1"과 같은 장단인데 넘겨서 치는 장단입니다. 여기서 '콩'은 '넘김쿵'인데 왼손 궁채를 채편 쪽에 넘겨치는 방법입니다.

2) 유아장구 악보

유아장구 악보는 그림을 통해 익힐 수 있는 방법입니다. 유아 장구 기보법을 중심으로 만들어 보았습니다.

굿거리 장단1

장구												
구음	덩		덕	쿵		덕	쿵		덕	쿵	덕	
손발												
부호	⦶		|	○		|	○		|	○	|	

굿거리 장단2

장구												
구음	덩		덕	콩		덕	콩		덕	콩	덕	
손발												
부호	⦶		|	→○		|	→○		|	→○	|	

장구 악보는 장구 모양을 그대로 그려놓은 것인데 장구채를 보고 그대로 치면 됩니다. 손발 악보는 손발 그림을 보고 양손은 '떵' · 오른손은 '덕' · 왼손은 '쿵'을 치면 됩니다. '콩'은 왼손을 오른쪽으로 넘겨치면 되구요. 부호 ○ 는 궁구리채로 치는 '쿵' · | 은 열채로 치는 '덕' · ⦶ 은 궁채+열채 같이 치는 '덩'입니다. 콩은 쿵을 넘겨치니까 →○ 로 표시합니다.

"굿거리 장단1"은 제자리에서 치는 장단이고 "굿거리 장단2"는 쿵을 넘겨서 치는 장단입니다. 처음에는 "굿거리 장단1"만 지도하시고 익숙해지면 "굿거리 장단2"도 활용해 보세요.

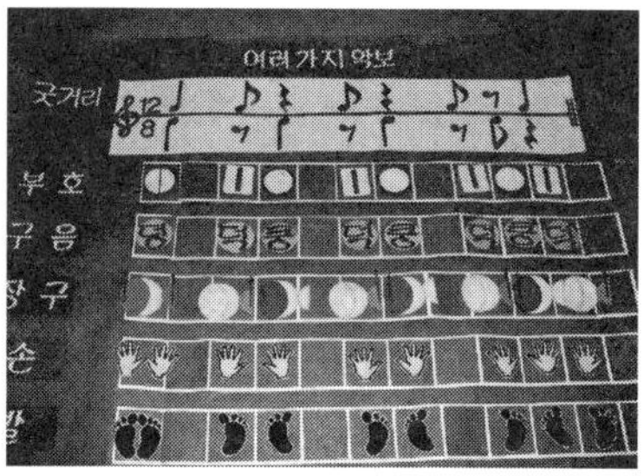

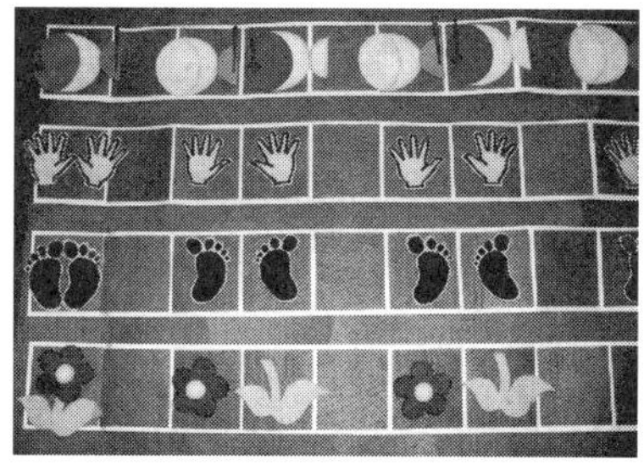

3) 음표중심 악보

【굿거리 장단 1】

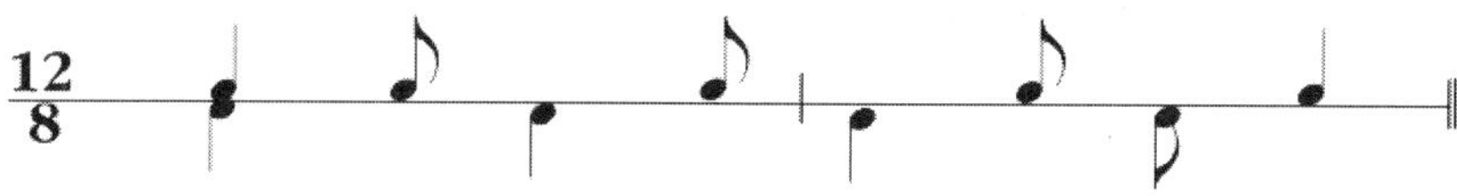

구음 덩 - 덕 쿵 - 덕 쿵 - 덕 쿵 덕 -
말 장 - 구 구 - 음 쿵 - 덕 쿵 덕 -

【굿거리 장단 2】

구음 덩 - 덕 쿵 - 덕 쿵 - 덕 쿵 덕 -
말 우 - 리 모 - 두 장 - 구 치 자 -

4) 활용방법

【팀별 신체활동 놀이】

굿거리 장단

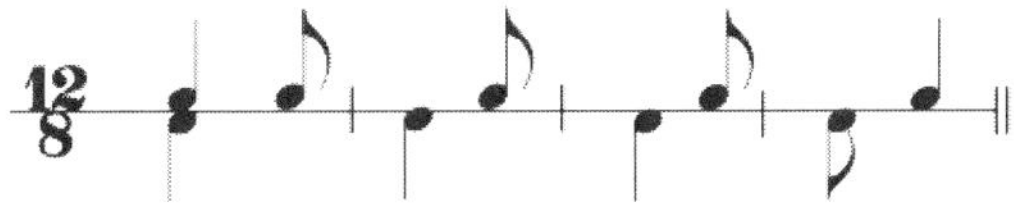

1팀 2팀 3팀 4팀

∴ 점 사분음표(♩.)를 기준으로 4팀을 만듭니다.

점 사분음표(♩.) 한 개를 기준으로 4개가 한 장단이 되는 것을 익히는 것입니다.

팀을 네 팀으로 나누어 자기 팀이 나올 때만 동작을 하는 방법입니다. 동작을 할 때는 구음을 크게 부르면서 합니다. 교사가 장구를 치면서 활용하면 더욱 효과적 입니다.

동작은 만세 부르기 · 뒤로 눕기 · 고개 숙이기 · 옆 친구 밀기 · 위로 뛰기 · 박수치기 · 팔 벌리기 등 신체활동을 하는 것입니다. 조금 느리게 할 수 있는 신체동작을 하고 유아들이 좋아하는 신체활동을 하면 됩니다. 팀으로 할 수도 있지만 각 팀의 대표 학생이 한 명씩 나와 4명이 해도 됩니다.

5) 활용작품

굿거리 장단의 민요 · 동요 등을 틀어놓고 위에서 배운 장단을 쳐보는 방법입니다. 곡에 맞춰 장단을 활용해 보세요.

① 천안삼거리

천안삼거리

② 산도깨비

산도깨비

달 빛어스름 한밤－중에 깊은산 길걸 어가다
깜 짝놀라 바라－보니 틀림없 는산 도깨비
머 리에 뿔 달린 도 깨－비 가 방 망이 들 고서 에 루화 둥 둥
에 고야 정 말 － 큰 일－났 네 두 눈을 꼭 감고 에 루화 둥 둥
손위로 올리기
왼쪽 어깨에
장구채 놓기
오른쪽 어깨에
장구채 놓기
덩 덩 덩 덩 덩 기덕 쿵 덕 저 산 도 깨비 날 잡아 갈 까
구음으로 외치기 (덩덕쿵덕쿵덕쿵덕)
가 슴 소 리는 쿵 당 쿵 당 걸음아 － －
날 살려라 － － 꽁 지 빠 지게 도 망 갔 네

③ 쾌지나칭칭나네

쾌지나칭칭나네

쾌지나칭칭나네(장단)

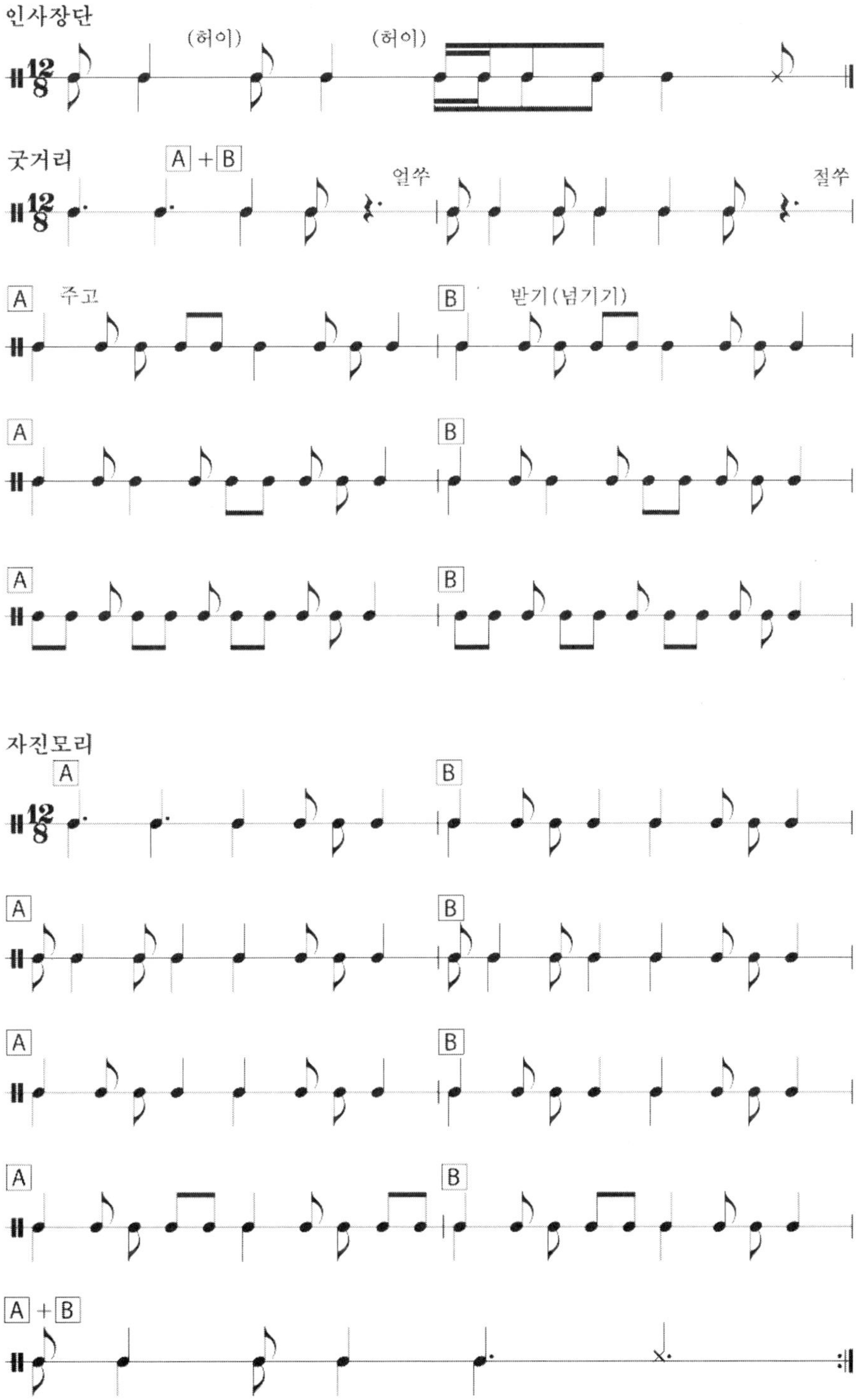

3. 세마치 장단

세마치 장단은 굿거리 보다 조금 빨리하는 장단인데 삼각형(♩. 점 사분음표)하나를 조금 빨리 그리면 됩니다. 또 다른 방법은 원을 그리듯이 돌리면서 장단을 칠 수도 있습니다.

점 사분음표 3개가 모여 이루어진 장단입니다. 삼각형을 3개 그리면 됩니다.

1) 구음중심 악보

세마치 장단

구음	덩			덩		덕	쿵	덕	
숫자	하	나	아	두	우	울	세	에	엣
말	참			재		미	있	다	
손뼉	짝			짝		짜	짜	작	
발	양			양		오	왼	오	

∴ 말장단
내--사-랑 장구- 얼--씨-구 좋다- 세--마-지 장단-
왼--손-은 궁편- 오--른-손 채편- 아--아-리 라앙-

교사가 장구를 치면 아동들은 구음을 크게 부릅니다. 세마치 장단은 덩·덕·쿵이 모두 나오기 때문에 교사가 장구를 통해 구음을 많이 익히게 한 후 다음 단계로 넘어가면 됩니다.

숫자장단은 삼각형을 바닥에 그리면서 숫자장단을 부릅니다. 세마치 장단은 굿거리 장단보다 조금 빨리해야 하는데 삼각형을 굿거리 장단보다 더 빨리 그립니다. 또 다른 방법으로는 삼각형대신 동그라미를 그려도 좋습니다. 첫 번째 박에서는 더 큰소리로 노래합니다. 고개도 많이 숙이고 노래도 크게 합니다. 말장단은 장단을 치는 박에 말을 넣는 방법인데 아동들이 말을 만들어서 해보게 합니다. 다양한 말을 활용해 볼 수 있습니다. 손뼉 악보는 리듬이 나오는 곳에서만 손뼉을 치면 됩니다. 발 악보는 '덩'이 나오면 양발 · '쿵'이 나오면 왼발 · '덕'이 나오면 오른발을 구르면 됩니다. 책상에 쳐도 되고 무릎을 쳐도 됩니다.

2) 유아장구 악보

유아장구 악보는 그림을 통해 익힐 수 있는 방법입니다. 유아 장구 기보법을 중심으로 만들어 보았습니다.

세마치 장단1

장구									
구음	덩			덩		덕	쿵	덕	
손발									
부호	⦶			⦶		ㅣ	○	ㅣ	

세마치 장단2

장구									
구음	덩			덩		덕	콩	덕	
손발									
부호	⦶			⦶		ㅣ	→ ○	ㅣ	

"세마치 장단1"은 제자리에서 치는 장단이고 "세마치 장단2"는 '쿵'을 넘겨서 치는 장단입니다. 처음에는 "세마치 장단1"만 지도하시고 익숙해

지면 “세마치 장단2”도 활용해 보세요.

장구 악보는 장구 모양을 그대로 그려놓은 것인데 장구채를 보고 그대로 치면 됩니다. 손발 악보는 손발 그림을 보고 양손은 ‘떵’ · 오른손은 ‘덕’ · 왼손은 ‘쿵’을 치면 됩니다. ‘콩’은 왼손을 오른쪽으로 넘겨치면 되구요. 부호 ◯ 는 궁구리채로 치는 ‘쿵’ · | 은 열채로 치는 ‘덕’ · ⦶ 은 궁채+열채 같이 치는 ‘덩’입니다. ‘콩’은 ‘쿵’을 넘겨치니까 ⃗○ 로 표시합니다.

3) 음표중심 악보

【세마치 장단1】

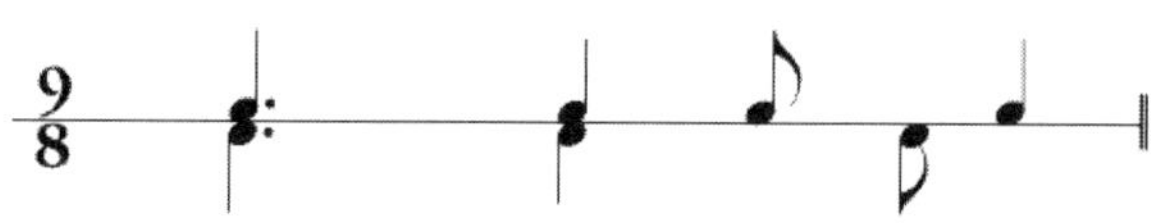

구음	덩	-	-	덩	-	덕	쿵	덕 -
말	세	-	-	마	-	치	장	단 -

【세마치 장단2】

구음	덩	-	-	덩	-	덕	콩	덕 -
말	얼	-	-	씨	-	구	좋	다 -

4) 활용방법

【팀별 신체활동 놀이】

세마치 장단

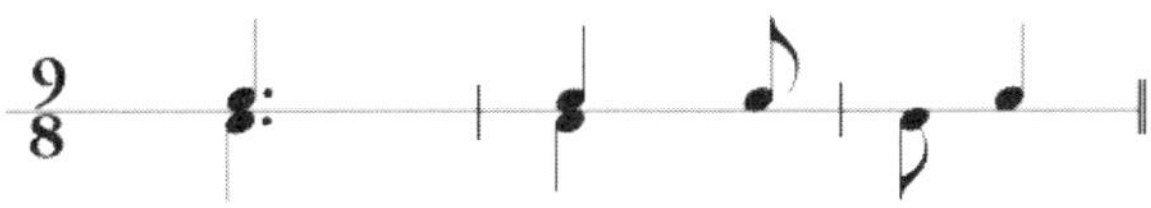

1팀 2팀 3팀

∴ 점 사분음표(♩.)를 기준으로 3팀을 만듭니다.

굿거리 장단과 마찬가지로 점사분음표(♩.)를 기준으로 세 팀으로 나누어 신체 활동을 하는 방법입니다. 자기가 해당되는 리듬에서만 신체활동을 하면 됩니다. 유아들이 흥미로워하는 신체활동을 시키면 됩니다. 예를 들어 한손만 올리기·고개숙이기·엉덩이 움직이기·손으로 원을 그리기 등입니다.

5) 활용작품

① 아리랑 세마치 말장단

세마치 장단을 대표할 수 있는 것이 아리랑입니다. 그래서 아리랑을 개사해서 영역별로 소개해 보겠습니다.

유아들은 아리랑보다는 진도아리랑을 많이 알고 있었는데 진도아리랑의 후렴구를 활용해 보아도 좋습니다.(아리아리랑 쓰리쓰리랑.....)

【세마치 장단】

❀ 악기

국악기에는 무엇이 있을까---가야금 거문고 해-금 아쟁

관악기에는 무엇이 있을까---태평소 피리 단소-대금 있죠.

타악기에는 무엇이 있을까---꽹과리 장구 북 징-소고 있죠.

❀ 장구

장구 궁채는 왼손에 잡구요---장구 열채는 오른손에 잡지요.
장구 구조를 알아봅시다 ---조이개 궁편 채편 장구통 있죠.
장구 구음에 덩 쿵 덕 있구요---덕의 식구는 기덕과 더러러.
장구 칠 때는 신나게 치세요---고개를 숙이고 장단을 맞춰요.
장구 장단은 여러 가지 있어요---굿거리 세마치 자진모리 단모리.
장구야 사랑해 난 널-사랑해---장구도 나를--사랑해 주렴.
정말 재밌다 우리의 국악----열심히 배우자 우리 국악.
아리랑 세마치 장단으로---우리 모두 신명나게 놀아보세.
사물놀이는 어떤 악기 쓸까요---꽹과리 장구 북 징 4가지죠.
세마치 장단의 구음은 뭘까요---덩덩덕쿵덕 덩덩덕쿵덕 덩덩덕쿵덕.

❀ 우리나라

우리나라에는 4계절이 있지요---봄 여름 가을 겨울 아름답죠.
우리나라의 꽃은 뭘까요---무궁화가--우리나라 꽃이죠.

❀ 유치원

0월0일은 00이생일---우리 모두 다-함께 축하해 주자.
우리 유치원 이름은 뭘까요---유치원 이름은 ○○○유치원.
선생님 말 잘 듣고 인사를 잘하면---바르고 착한○○유치원.
친구 손 잡고서 유치원 가는길---얼씨구 좋구나 신명난다.

❀ 계절

봄과 여름 가을 과 겨울---우리나라 참말로 좋은 나라.
봄과 여름 가을 과 겨울---나-는 겨울이 제일 좋아.
봄이 가며는 여름이 오고---여름이 가면 가을이 온다.
가을이 지나면 겨울이 오고---사계절은 이렇게 돌고 돈다.
벌써 겨울이 와버렸구나--- 화이트 크리스마스-기대되네.
겨울엔 눈이와 하얀 눈이와--- 눈 사람도 만-들고-신-난다.

❀ 음식

김밥속에는 무엇이 있나요---홍당무 단무지 햄 달걀 시금치.

당근 돼지고기-- 감자와 양파---카레가루 넣으면 카레가 되죠.

위에 개사한 많은 내용은 해당 영역을 공부할 때 활용하시면 됩니다. 장구 공부할 때는 장구만, 악기를 공부 할 때는 악기만, 계절을 공부할 때는 계절만 지도하시면 됩니다.

② 아리랑

아리랑

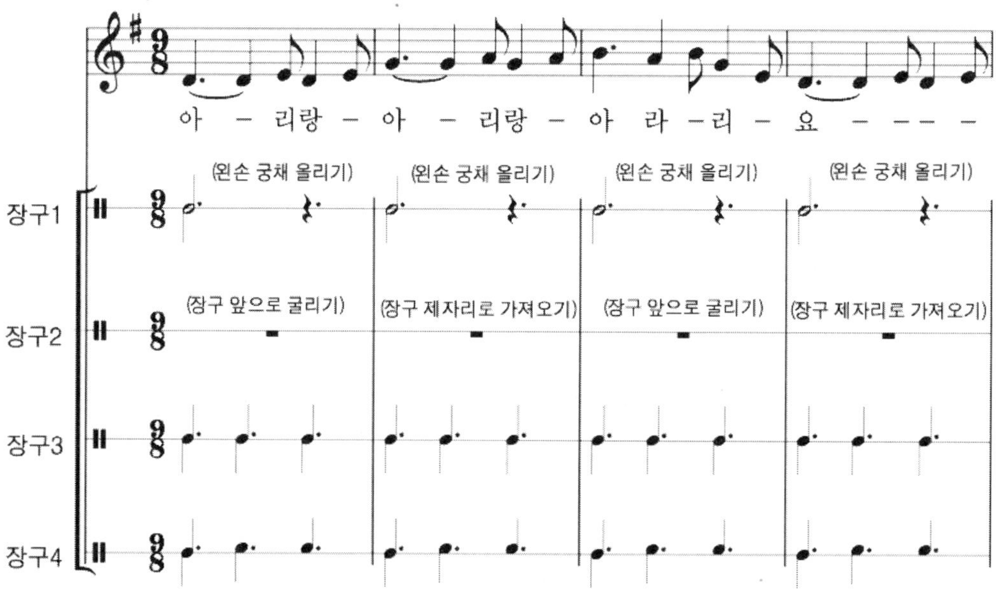
아 - 리랑 - 아 - 리랑 - 아 라 - 리 - 요 - - - -
(왼손 궁채 올리기)
(왼손 궁채 올리기)
(왼손 궁채 올리기)
(왼손 궁채 올리기)
장구1
(장구 앞으로 굴리기)
(장구 제자리로 가져오기)
(장구 앞으로 굴리기)
(장구 제자리로 가져오기)
장구2
장구3
장구4

아 - 리랑 - 고 - 개 - 로 - 넘 - 어간 다 -
(왼손 궁채 올리기)
(왼손 궁채 올리기)
(왼손 궁채 올리기)
(왼손 궁채 올리기)
(장구 앞으로 굴리기)
(장구 제자리로 가져오기)
(장구 앞으로 굴리기)
(장구 제자리로 가져오기)

나 를 버 리 고 가 시 는님 – 은 – – – –
채 접고
궁채 접고

십 – 리도 – 못 – 가 – 서 – 발 – 병난 다 –
허이
허이
허이
허이

4. 자진모리 장단

자진모리 장단은 세마치 장단보다 더 빠르게 하는 장단인데 삼각형 보다는 원을 그리면서 장단을 익히는 것이 효과적입니다. 원을 그릴 때는 세마치보다 빠르게 그리면 됩니다. 더 빨리 칠 때는 밑에 원이 있다고 생각하고 그것을 빨리 끌어올리듯이 하면 됩니다. 자진모리 장단은 춤을 출 수 있는 장단인데 흥겹고 빠르게 몸을 움직이면서 장단을 칩니다. 이때 호흡도 같이 해 보면 더욱 신나겠지요.

1) 구음중심 악보

자진모리 장단1

구음	덩			덩			덩		덕	쿵	덕	
숫자	하	나	아	두	우	울	세	에	엣	네	엣	
말	엄			마			사		랑	해	요	
손뼉	짝			짝			짝		짜	짜	작	
발	양			양			양		오	왼	오	

∴ 자진모리 내는 장단입니다.

자진모리 장단2

구음	덩		덕	쿵	덕		덩		덕	쿵	덕	
숫자	하	나	아	두	우	울	세	에	엣	네	엣	
말	엄		마	아	빠		사		랑	해	요	
손뼉	짝		짜	자	작		짝		짜	자	작	
발	양		오	왼	오		양		오	왼	오	

∴ 자진모리 기본 장단입니다.

교사가 장구를 치면 아동들은 구음을 크게 부릅니다. 자진모리 장단은 덩·덕·쿵이 모두 나오기 때문에 교사가 장구를 통해 구음을 많이 익히게 한 후 다음 단계로 넘어가면 됩니다. 숫자장단은 삼각형 대신 동그라미를 세마치 장단보다 더 빠르게 그리면 됩니다. 첫 번째 박에서는 더 큰 소리로 노래합니다. 고개도 많이 숙이고 노래도 크게 합니다. 춤을 추듯 흥겹게 합니다. 말장단은 장단을 치는 박에 말을 넣는 방법인데 아동들이 말을 만들어서 해보게 합니다. 다양한 말을 활용해 볼 수 있습니다. 손뼉 악보는 리듬이 나오는 곳에서만 손뼉을 치면 됩니다. 발 악보는 '덩'이 나오면 양발·'쿵'이 나오면 왼발·'덕'이 나오면 오른발을 구르면 됩니다. 책상에 쳐도 되고 무릎을 쳐도 됩니다. "자진모리1"은 자진모리가 시작할 때 하는 장단으로 "자진모리 내는 장단"이라고도 합니다. "자진모리2"는 기본 장단입니다.

2) 유아장구 악보

자진모리 장단1

장구												
구음	덩			덩			덩		덕	쿵	덕	
손발												
부호	⦶			⦶			⦶		|	○	|	

자진모리 장단1-2

장구												
구음	덩			덩			덩		덕	콩	덕	
손발												
부호	⦶			⦶			⦶		|	→○	|	

∴ 말장단: 싼타 할아버지. 착한 어린이는

자진모리 장단2

장구												
구음	덩		덕	쿵	덕		덩		덕	쿵	덕	
손발												
부호	⦶		|	○	|		⦶		|	○	|	

자진모리 장단2-1

장구												
구음	덩		덕	콩	덕		덩		덕	콩	덕	
손발												
부호	⦶		|	→ o	|		⦶		|	→ o	|	

∴ 말장단: 썰매타고 오신대요. 재미있게 놀고 나서. 제자리에 정리하기. 자진모리 장단구음. 덩덕쿵덕 쿵덕쿵덕. 엄마걸음 사뿐사뿐. 아빠걸음 뚜벅뚜벅.

"자진모리 장단1"은 제자리에서 치는 장단이고 "자진모리 장단1-2"는 '쿵'을 넘겨서 치는 장단입니다. "자진모리2"는 "자진모리1"과 다른 장단이고 "자진모리 장단2-1"은 "자진모리 장단2"를 넘겨치는 장단입니다. 연주순서는 악보 순서대로 하면 되는데 1. 1-2. 2. 2-1순서로 하고 각각의 장단은 짝수로 만들어 익히게 합니다. 보통 4번 정도 반복해서 할 수 있습니다. 두 장단을 이어서 말 리듬에 활용해 보세요.

3) 음표중심 악보

【자진모리 장단1】

구음 덩 - - 덩 - - 덩 - 덕 쿵 덕 -
말 싼 - - 타 - - 할 - 아 버 지 -

【자진모리 장단1-2】

구음 덩 - - 덩 - - 덩 - 덕 쿵 덕 -
말 착 - - 한 - - 어 - 린 이 는 -

【자진모리 장단2】

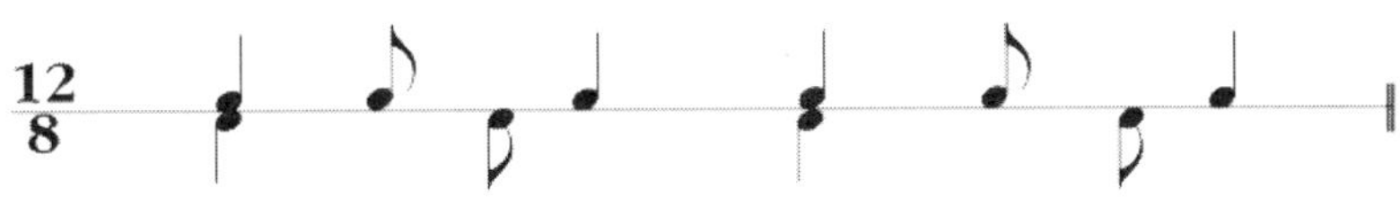

구음 덩 - 덕 쿵 덕 - 덩 - 덕 쿵 덕 -
말 썰 - 매 타 고 - 오 - 신 데 요 -

【자진모리 장단2-1】

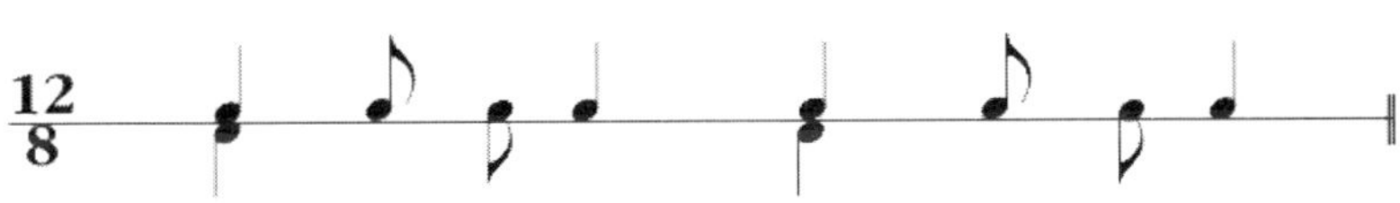

구음 덩 - 덕 쿵 덕 - 덩 - 덕 쿵 덕 -
말 제 - 자 리 에 - 정 - 리 하 기 -

4) 활용방법

【팀별 신체활동 놀이】

자진모리 장단2

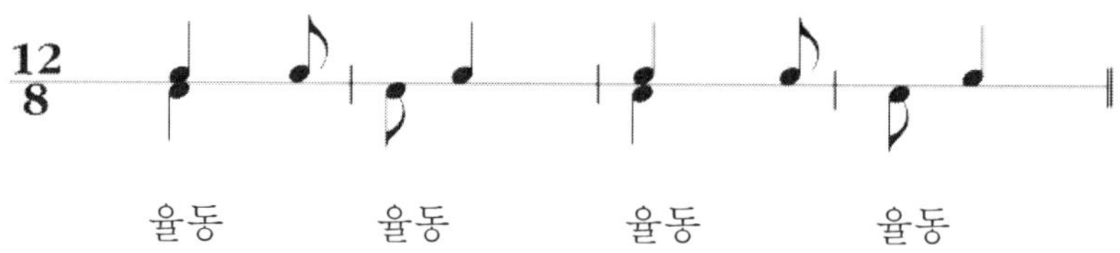

자진모리 장단은 리듬이 재미있고 신체활동을 하기에 적당한 리듬입니다. 앞에서 했던 신체활동과는 달리 교사가 자진모리 장단을 치면 장단을 들으면서 춤추는 방법입니다. 아동들 각자가 하고 싶은 움직임을 하는 것인데 엉덩이만 흔들기 · 눈만 움직이기 · 팔 흔들기 · 어깨 흔들기 등을 하는 것입니다. 자진모리 장단은 빠르고 흥겨운 장단이기 때문에 빠른 동작을 할 수 있는 율동을 만들면 좋습니다. 이때 "그대로 멈춰라" 하듯이 장단이 멈추면 신체활동도 멈추면 됩니다. 동작은 하나아 · 두우울 · 세에엣 · 네엣 하면서 신체활동을 하면 됩니다.

5) 활용작품

① 자진모리 말장단

말 리듬 익히기는 여러 가지 재미있는 말에 리듬을 붙여 읽는 방법입니다. 점 사분음표(♩.)를 다양하게 나누어 읽어보면 됩니다. 특정한 선율이 있는 것은 아니고 말의 느낌을 살려 시를 읽듯 리듬을 읽으면 됩니다.

자진모리 장단1

❀ 눈

눈이 왔어요 하얀 눈이 왔어요 나뭇가지도 하얗고 기와지붕도 하얗고

❀ 대추알

반-짝반-짝 대-추알--(메기고) 예-- 쁜-- 대-추알--(받고)
참-새보-고 따달랠까--(메기고) 참-새보-고 따달랠까--(받고)

∴ 처음에는 같이 읽고 나중에는 선생님과 유아들이 주고받으면서 해봅니다.

❀ 우리나라

봄: 알록달록 꽃나라　　여름: 철썩철썩 파란나라
가을: 울긋불긋 단풍나라　　겨울: 번쩍번쩍 눈꽃나라

∴ 앞에 나온 "나무노래" 리듬에 맞춰 읽어봅니다.

❀ 배

아기배는 울음배　　어른배는 심술배
강가에는 타는배　　노란배는 먹는배

❀ 해야해야

해야해야 나오너라　　김칫국에 밥 말아먹고
장구치고 북치고　　빨리 빨리 나오너라

② 나무노래

가사를 읽듯이 노래하면서 리듬을 살립니다. 다양한 말을 활용할 수 있습니다.

나무노래

임신화 작사
임신화 작곡

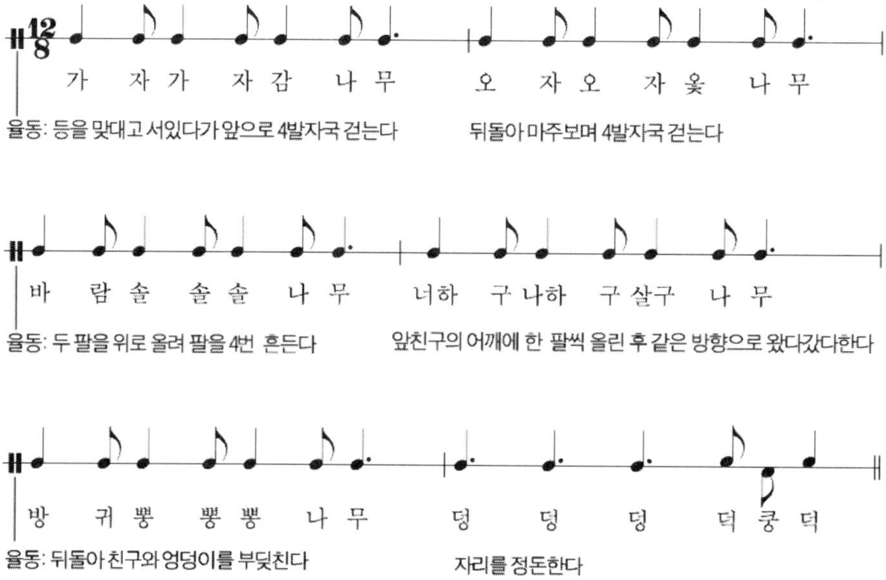

③ 둥개둥개둥개야

이 곡은 전래 동요인데 자진모리 장단을 익히는 곡입니다. 여기에 손동작을 넣어서 연습을 하면 꽹과리 장단을 연주할 수 있습니다

둥개둥개둥개야

전래동요

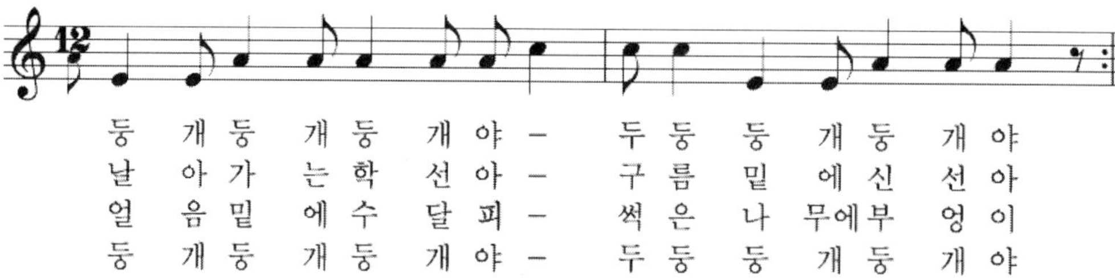

∴ 말장단: 갠지갠지 갠지개갱 개갱갠지 갠지개갱

"둥개둥개둥개야"에 나온 리듬을 꽹과리의 구음으로 만들어 본 것입니다. 이 리듬을 꽹과리로 치면 자진모리 장단이 됩니다. 소고로 쳐보셔도 됩니다.

④ 꼭두각시

꼭두각시

5. 단모리

단모리 장단은 휘몰이라고도 합니다. 지금까지 익힌 장단 중 가장 빠른 장단이며 2분박 계열로 되어 있어 따라 하기도 쉽고 몸에 익숙합니다. 손을 양옆으로 흔들면서 시계가 "똑딱똑딱"하듯이 네 번 흔들면서 노래해 봅니다. 3분박 계열의 리듬을 너무 어려워하면 단모리 장단을 먼저 지도할 수도 있습니다.

1) 구음중심 악보

단모리 장단1

구음	덩		덩		쿵	덕	쿵	
숫자	하	나	두	울	세	엣	넷	
말	달		달		밝	은	달	
손뼉	짝		짝		짜	짜	작	
발	양		양		왼	오	왼	

∴ 말장단: 쥔 쥔 문여소. 사과 맛있다. 엄마 예쁘다.

단모리 장단2

구음	덩		덕	덕	쿵	덕	쿵	
숫자	하	나	두	울	세	엣	넷	
말	탈		춤	을	춥	시	다	
손뼉	짝		짝	짝	짜	자	작	
발	양		오	오	왼	오	왼	

∴ 말장단: 밭에서 자라면 채소라하구요. 나무에 열리면 과이일이래요.

교사가 장구를 치면 아동들은 구음을 크게 부릅니다. 단모리 장단은 '덩'·'덕'·'쿵'이 모두 나오기 때문에 교사가 장구를 통해 구음을 많이 익히게 한 후 다음 단계로 넘어 가면 됩니다. 숫자장단은 3박 리듬이 아니기 때문에 "하나 두울 세엣 넷"으로 노래합니다. 2분박이기 때문에 쉽게 노래 할 수 있습니다. 말장단은 장단을 치는 박에 말을 넣는 방법인데 아동들이 말을 만들어서 해보게 합니다. 다양한 말을 활용해 볼 수 있습니다. 손뼉 악보는 리듬이 나오는 곳에서만 손뼉을 치면 됩니다. 발 악보는 '덩'이 나오면 양발·'쿵'이 나오면 왼발·'덕'이 나오면 오른발을 구르면 됩니다. 빠르게 연습합니다.

2) 유아장구 악보

단모리 장단1

장구								
구음	덩		덩		쿵	덕	쿵	
손발								
부호	⦶		⦶		○	|	○	

단모리 장단1-2

장구								
구음	덩		덩		콩	덕	콩	
손발								
부호	⦶		⦶		→○	|	→○	

단모리 장단2

장구								
구음	덩		덕	덕	쿵	덕	쿵	
손발								
부호	⦶		|	|	○	|	○	

단모리 장단2-1

장구								
구음	덩		덕	덕	콩	덕	콩	
손발								
부호	⦶		|	|	$\overset{\rightarrow}{\bigcirc}$	|	$\overset{\rightarrow}{\bigcirc}$	

단모리 두 장단을 넣었습니다.

"단모리 장단1"은 제자리에서 치는 장단이고 "단모리 장단1-2"는 '쿵'을 넘겨서 치는 장단입니다. "단모리 장단2"는 "단모리 장단1"과 다른 장단이고 "단모리 장단 2-1"은 "단모리 장단2"를 넘겨칩니다. 연주 순서는 악보 순서대로 하면 되는데 1. 1-2. 2. 2-1 순서로 하고 각 장단은 짝수로 만들어 익히게 합니다.

3) 음표중심 악보

【단모리 장단1】

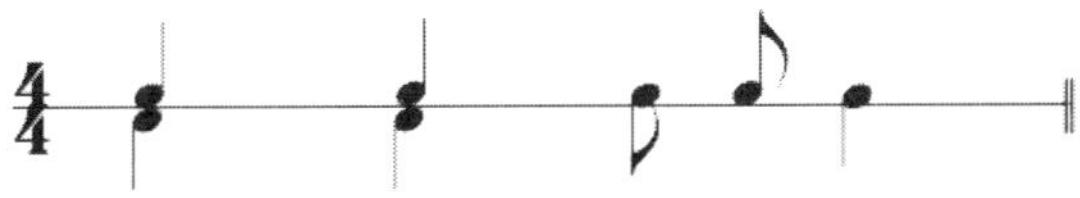

구음 덩 - 덩 - 쿵 덕 쿵 -
말 사 - 과 - 맛 있 다 -

【단모리 장단1-2】

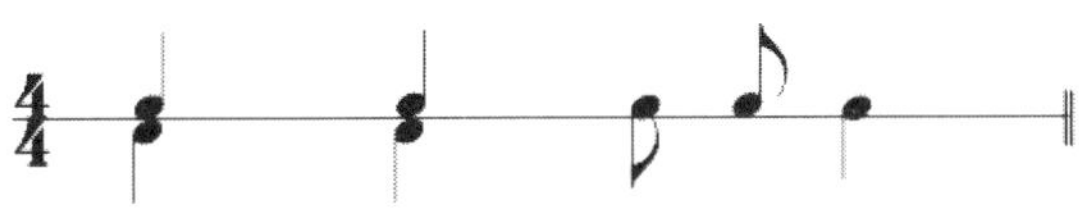

구음 덩 - 덩 - 콩 덕 콩 -
말 딸 - 기 - 맛 있 다 -

【단모리 장단2】

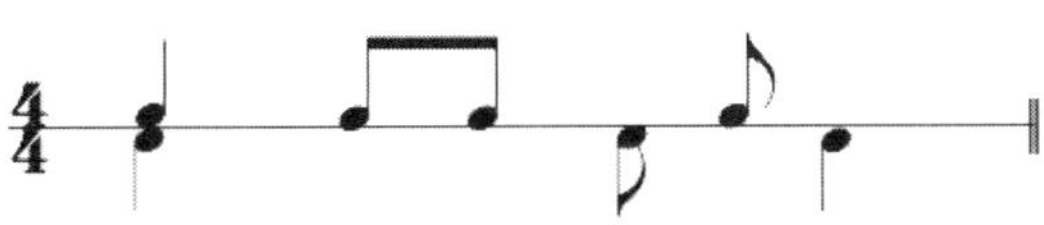

구음 덩 - 덕 덕 쿵 덕 쿵 -
말 탈 - 춤 을 춥 시 다 -

【단모리 장단2-1】

구음 덩 - 덕 덕 콩 덕 콩 -
말 흥 - 겹 게 춥 시 다 -

4) 활용방법

【팀별 신체활동 놀이】

단모리 장단

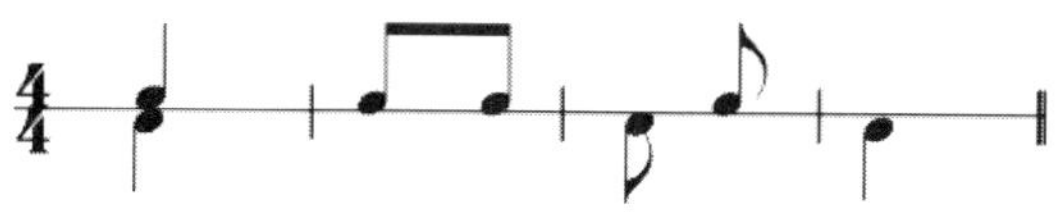

단모리 장단에 맞춰 몸동작을 하는 방법입니다. 고개 숙였다 들기 · 고개 왼쪽 오른 쪽으로 움직이기 · 양팔 왔다 갔다 하기 등을 할 수 있는데 구음을 크게 부르면서 흥겹게 합니다. 빠른 장단이기 때문에 팀을 나누지 않고 혼자서 할 수도 있습니다.

5) 활용작품

① 단모리 내는 장단

단모리 내는 장단은 단모리를 시작할 때 하는 장단입니다. '덩'만 있어서 유아들과 같이 치기에 적합합니다. 말장단을 많이 연습한 후 장단을 쳐보세요.

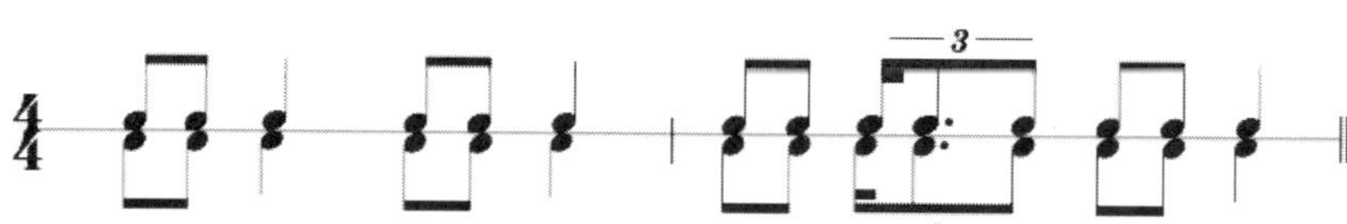

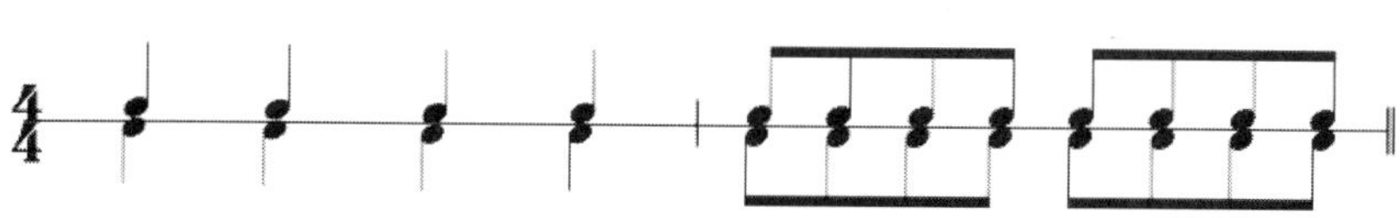

단모리 내는 말장단

이겨라 이겨라 백석 유치원 이겨라 우 리 모 두 신명나게 놀아보자.
궁채쿵 열채덕 둘이 만나면 떠어엉 우 리 모 두 신명나게 놀아보자.
꽹과리 장구북 징이 만나면 무얼까 그 건 바 로 우리나라 사물놀이.
엄마는 나보고 사랑 한다고 말해요 사 랑 해 요 엄마아빠 사랑해요.
오른발 앞으로 왼발 앞으로 걸어요 우 리 모 두 발맞추어 행진해요.
두손을 들어요 손을 흔들어 보아요 하 늘 높 이 별들처럼 아름답게.
선생님 선생님 우리 햇님반 선생님 사 랑 해 요 우리모두 사랑해요.
신나게 신나게 악기 쳐봐요 신나게 우 리 함 께 재미있게 악기치자.
우리는 우리는 신호 신호를 지켜요 세 가 지 색 빨강노랑 초록색깔.

단모리를 시작할 때 하는 장단입니다. 유아들에게 필요한 말을 찾아보았습니다. 영역별로 적당한 말을 찾아 활용해 보세요. 체육대회 때 활용해 보면 신나게 연주해 볼 수 있을 거예요.

② 단모리 장단

∴ (얏)은 장구채를 이마위에 올려 장단을 마무리 짓는 모습입니다.

1. 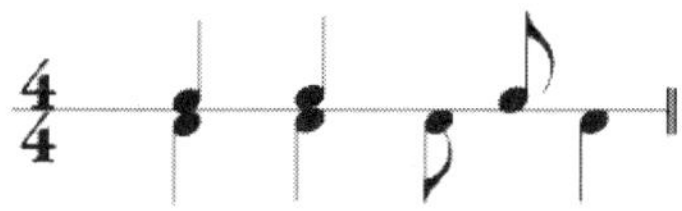

덩 - 덩 - 쿵 덕 쿵 -

2. 

덩 - 덩 - 콩 덕 콩 -

∴ 2번은 1번을 넘겨친 장단입니다.

3. 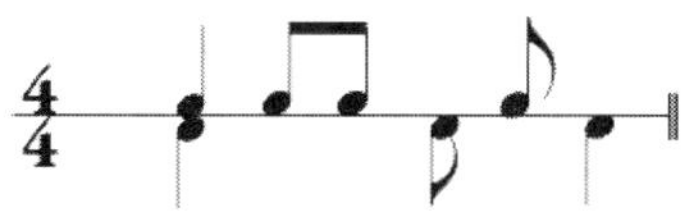

덩 -덕 덕 쿵 덕 쿵 -

4. 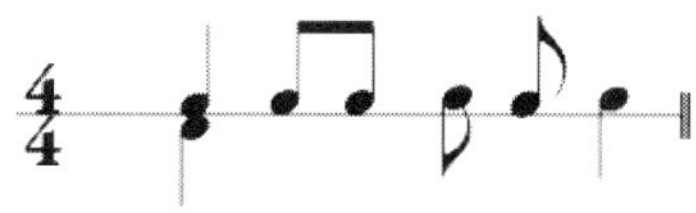

덩 -덕 덕 콩 덕 콩 -

∴ 4번은 3번을 넘겨친 장단입니다.

5. 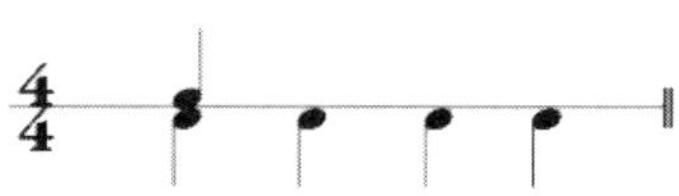

덩 - 쿵 - 쿵 - 쿵 -

6. 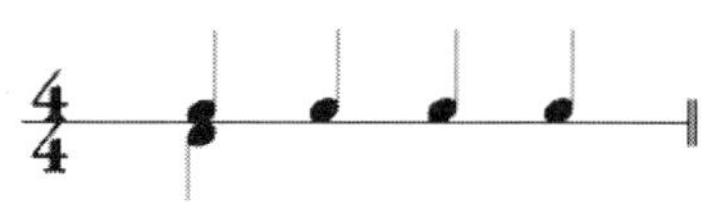

덩 - 덕 - 덕 - 덕 -

∴ 5번은 고개를 숙이고 친 후 '쿵'할 때는 오른손 채를 돌려줍니다. 돌리는 손을 봅니다.

6번은 고개를 숙이고 친 후 '덕'할 때는 왼손 궁채를 돌려줍니다. 돌리는 손을 봅니다.

7. 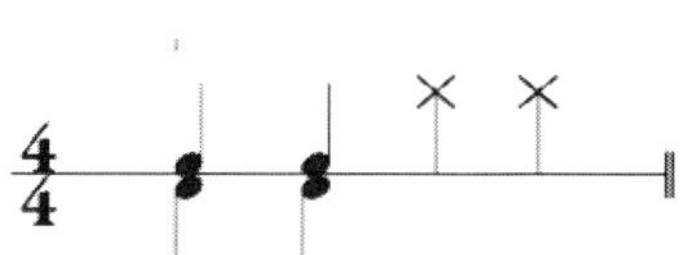

덩 - 덩 - 딱 - 딱 -

8. 

덩 - 덩 - 덩 - 덩 -

∴ 7번 '딱딱'은 손을 들어 이마 앞에서 채를 치는 것입니다. 고개도 들면서 합니다.

8번은 첫 번째 '덩'만 크게 치고 나머지 '덩'은 작게 칩니다.

9. 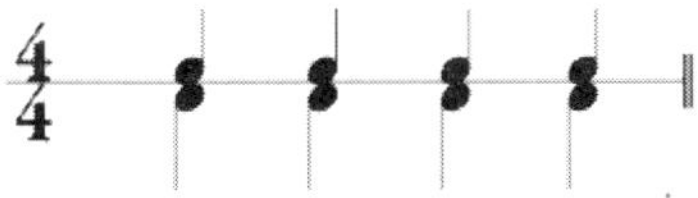

덩 - 덩 - 덩 - 덩 -

10. 

덩 - 덩 -덩 덩 덩덩더 더 더더(난타)

∴ 9번에 나온 '덩'은 모두 크게 칩니다.
10번은 기차 소리처럼 '덩'을 점점 빨리 칩니다. "얏"하면서 이마에 채를 올리고 음악을 마무리합니다.

각 장단은 4번씩 반복해서 연주합니다. 연주는 번호대로 하면 됩니다. 아래에 나온 말장단을 같이 하면서 해보세요.

단모리 말장단

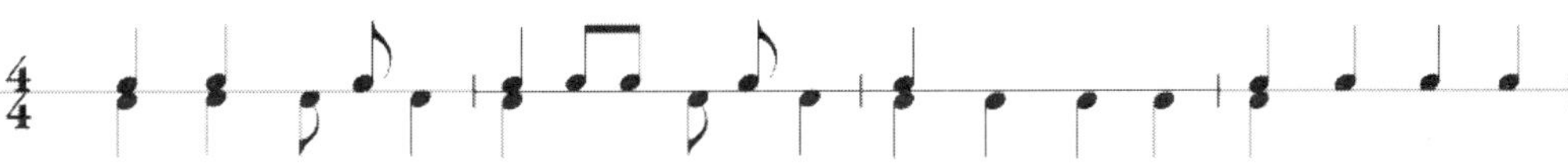

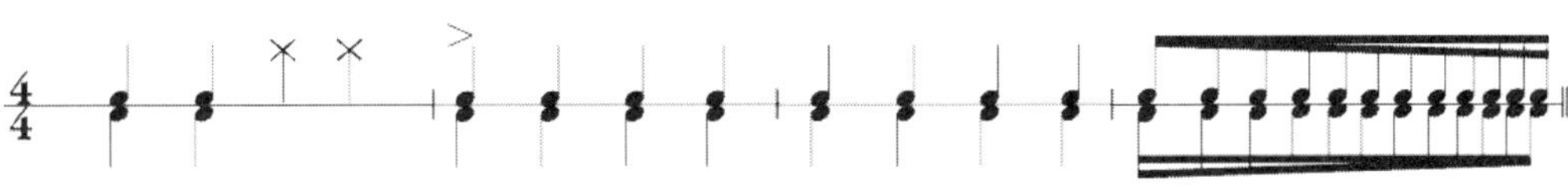

찰찰 탬버린 쿵쿵쿵 북소리 땡실로폰 악기모두 짝짝탁탁 모두함께 신명나게
신호 지켜요 빨강색 위험해 노랑조심 초록건너 신호지켜 우리함께 신호지켜
우리 반은요 장구를 잘쳐요 덩쿵쿵쿵 덩덕덕덕 얼쑤좋다 덩실덩실 신명난다
덩덩 쿵덕쿵 덩덕덕 쿵덕쿵 장구시간 돌아왔네 얼쑤** 재미있는 시간일세
왼손 오른손 짝짝짝 짝짝짝 손뼉치자 재미있게 짝짝** 장구소리 맞춰치자
칙칙 폭폭폭 칙폭폭 폭폭칙 기차타고 구경가세 야호** 출발이다 칙칙폭폭

③ 별달거리

사물놀이 중 "영남 가락" 안에 들어있는 가락인데 유아들이 말장단을 통해 쉽게 익힐 수 있는 장단입니다.

아래의 리듬을 4번치면 됩니다.

【별달거리1】

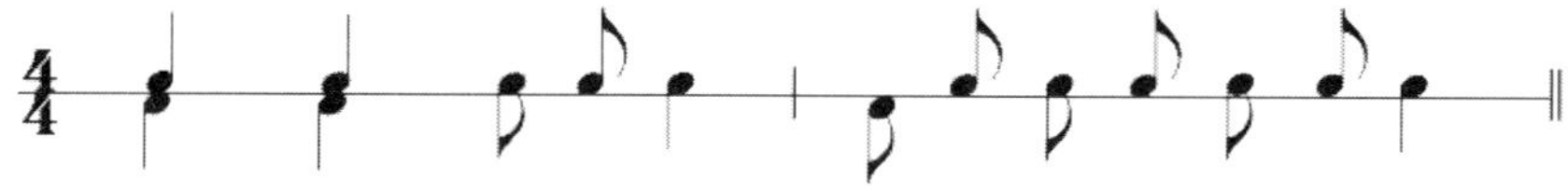

구음 덩 덩 콩 덕 콩 쿵 덕 콩 덕 콩 덕 콩

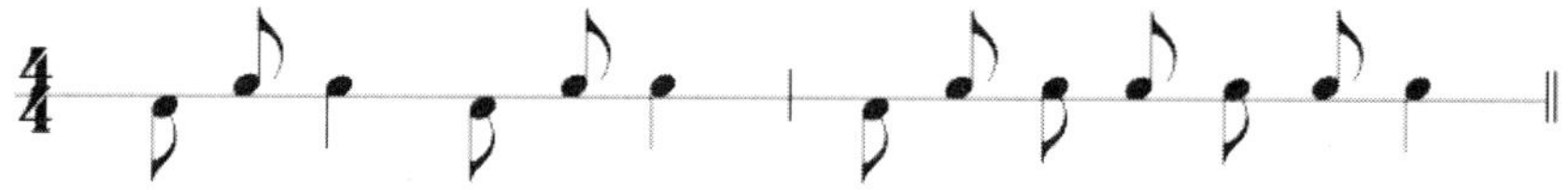

구음 쿵 덕 콩 쿵 덕 콩 쿵 덕 콩 덕 콩 덕 콩

별달거리1 말장단

장구 재밌다 너무너무 재밌다 신명나 흥겨워 너무너무 재밌다
김치 맛있다 너무너무 맛있다 백김치 무김치 너무너무 맛있다
사탕 맛있다 너무너무 맛있다 딸기맛 포도맛 너무너무 맛있다
우유 맛있다 너무너무 맛있다 딸기맛 초코맛 너무너무 맛있다
피자 맛있다 너무너무 맛있다 고소해 쫄깃해 너무너무 맛있다
과자 맛있다 너무너무 맛있다 치킨맛 피자맛 너무너무 맛있다

사과 맛있다 너무너무 맛있다 새콤해 달콤해 너무너무 맛있다
포도 맛있다 너무너무 맛있다 새콤해 달콤해 너무너무 맛있다
레몬 맛있다 너무너무 맛있다 새콤해 달콤해 너무너무 맛있다
딸기 맛있다 너무너무 맛있다 새콤해 달콤해 너무너무 맛있다

∴ 위의 장단을 4회 반복하기 때문에 과일을 4개 넣었습니다.

유아들이 좋아하는 과일이나 음식 등을 말해보고 그 음식의 맛이나 종류를 노래해 봅니다. 유아들은 다양한 맛과 종류를 알고 있습니다.

유아들이 좋아하는 먹을 것 · 탈 것 · 장구 등을 사용해서 리듬에 맞게 문장을 만들어 활용할 수 있습니다. 위의 리듬을 4번 친 후에는 아래의 가사를 랩 하듯 노래 부르면 되는데 가사 한줄, 장단 한줄 하시면 됩니다. 가사를 할 때는 오른손 채를 올리거나 내려서 율동을 넣으셔도 좋습니다.

【별달거리2】

하늘보고 별을따고 땅을보고 농사짓고

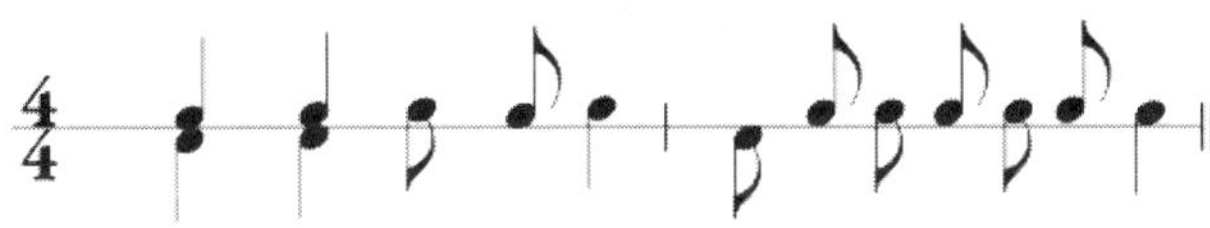

올 해 도 대풍이요 내년에도 풍년일세

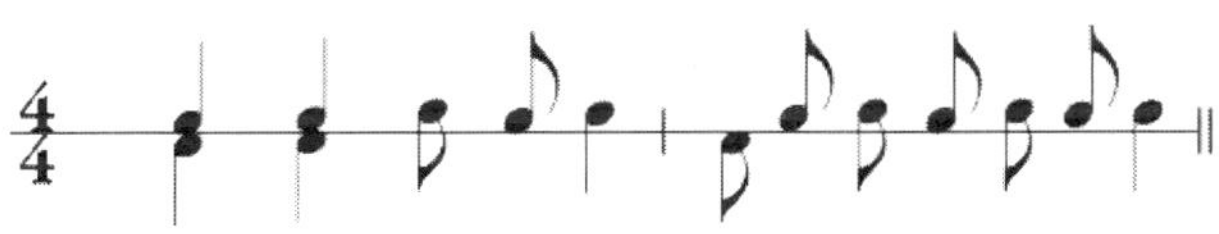

달아달아 밝은달아 대낮같이 밝은달아

어둠속의 별 빛 이 우리네를 비춰주네

야

별달거리2 말장단

왼손은 궁채잡고 오른손은 열채잡고 장구 재밌다 너무너무 재밌다.
왼쪽은 궁편이요 오른쪽은 채편일세 장구 재밌다 너무너무 재밌다
왼쪽치면 쿵이요 오른쪽치면 덕일세 장구 재밌다 너무너무 재밌다
함께치면 떵이니 우리함께 장구치세 얏

④ 옹헤야

옹헤야

철 둑 너 머 옹 헤 야 메 주리란 놈이옹 헤 야 보 리 밭 에 옹 헤 야
이 월 삼 월 옹 헤 야 보 리 – 피 리 – 옹 헤 야 사 월 오 월 옹 헤 야
타 작 끝 에 옹 헤 야 단 오 – 놀 이 – 옹 헤 야 동 네 집 에 옹 헤 야
알 을 – 낳 네 옹 헤 야 –
싹 이 – 터 서 옹 헤 야 –
타 작 – 한 다 옹 헤 야 –
에 헤 에 헤 옹 헤 야
(허이)
왼손쪽
(으쓱으쓱)
오른손 채 접기
어 절 시 구 옹 헤 야 잘 도 논 다 옹 헤 야 –
(으쓱으쓱)
오른손 채 접기
(으쓱으쓱)
오른손 채 접기
(허이)
왼손쪽

〈후렴〉
mf
옹 헤 야 옹 헤 야 어 절 시 구 옹 헤 야 저 절 시 구 옹 헤 야
잘 도 논 다 옹 헤 야
에 헤 에 헤 옹 헤 야
(허이)
왼손쪽
(으쓱으쓱)
오른손 채 접기
어 절 시 구 옹 헤 야 잘 도 논 다 옹 헤 야 –
(으쓱으쓱)
오른손 채 접기
(으쓱으쓱)
오른손 채 접기
(허이)
왼손쪽

⑤ 징글벨

징글벨

흰 눈 사 이 로 썰 매 를 타 고
달 리 는 기 분 상 쾌 도 하 다 –
종 이 울 려 서 장 단 맞 추 니
흥 겨 워 서 소 리 높 여 노 래 부 른 다
종 소 리 울 려 라 종 소 리 울 려
우 리 썰 매 빨 리 달 려 종 소 리 울 려 라
종 소 리 울 려 라 종 소 리 울 려
기 쁜 노 래 부 르 면 서 빨 리 달 리 자

6. 장단모음

앞에서 익힌 인사 장단 · 굿거리 · 세마치 · 자진모리 · 단모리 · 별달거리를 이어서 연주하면 하나의 작품이 됩니다. 음표를 통해 작품을 만들어 보았습니다. 앞에 소개한 장단을 익힌 후 작품을 발표해 볼 수 있습니다. 한 장단은 4번씩 반복하는 것이 좋으며 8회도 가능합니다. 이때 꼭 짝수로 장단을 만들어야 됩니다. 또 다른 방법은 단모리를 중심으로 하는 장단입니다. 인사 장단 · 단모리 내는 장단 · 단모리 장단 · 별달거리 · 인사 장단 순으로 하면 또 하나의 작품이 됩니다.

① 인사 장단

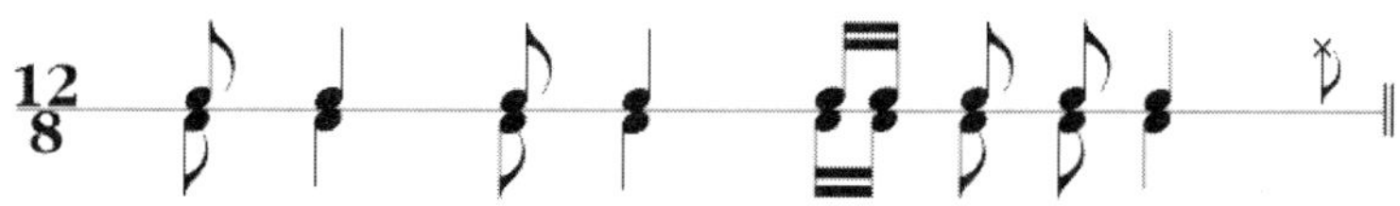

② 굿거리 장단

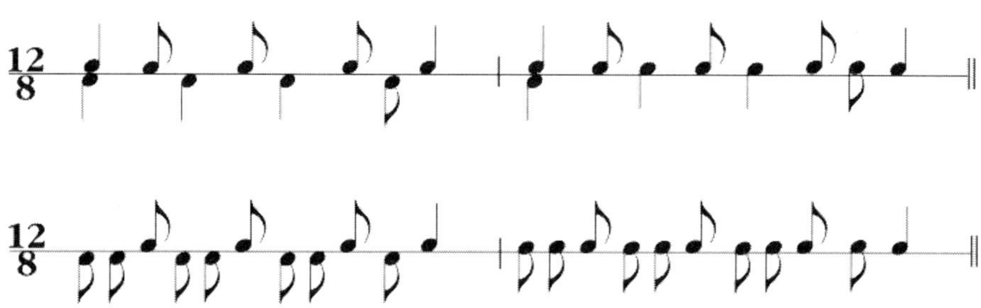

③ 세마치 장단

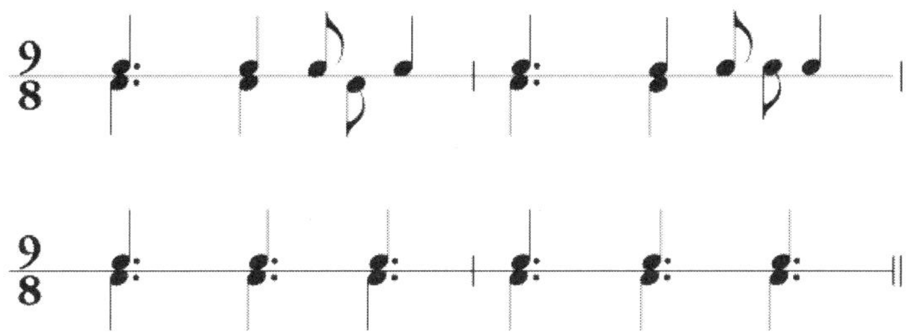

④ 자진모리 장단

⑤ 단모리 내는 장단

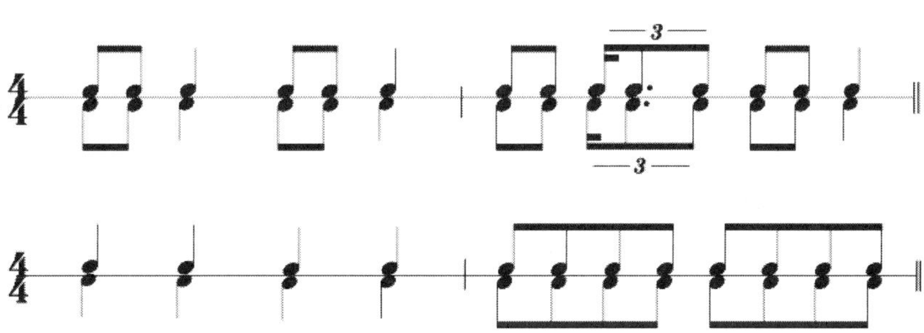

⑥ 단모리 장단

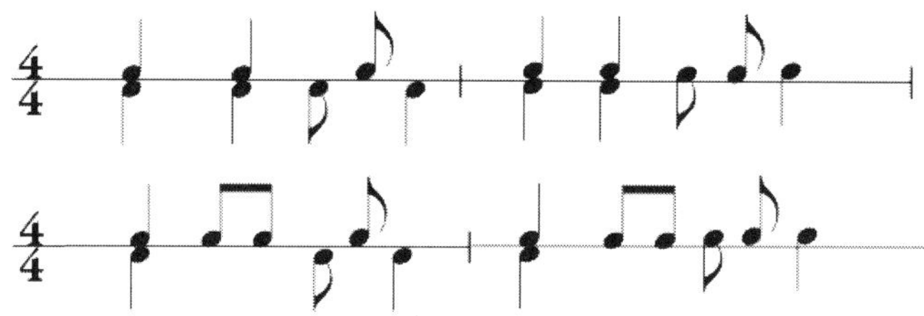

⑦ 별달거리 장단

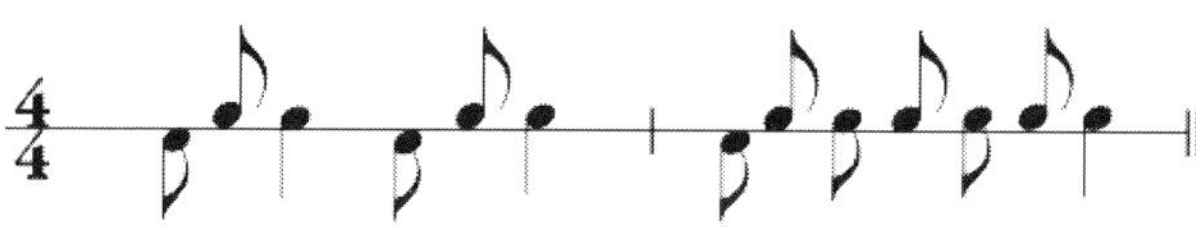

하늘보고 별을 따고 땅을 보고 농사짓고

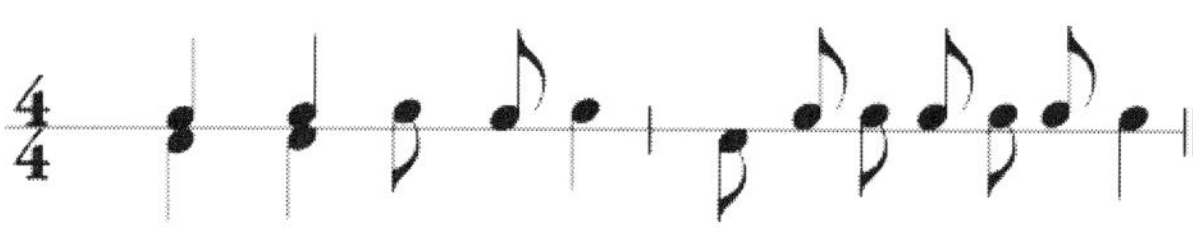

올 해 도 대풍이요 내년에도 풍년일세

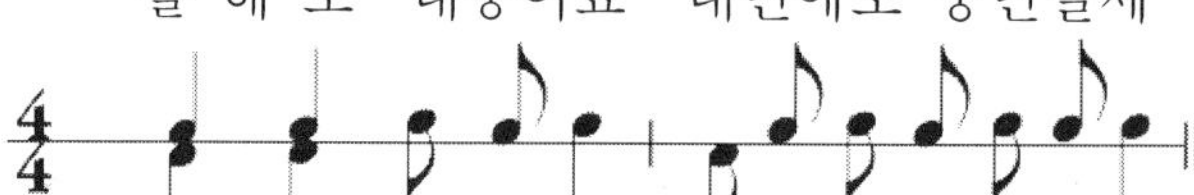

달아달아 밝은달아 대낫같이 밝은달아

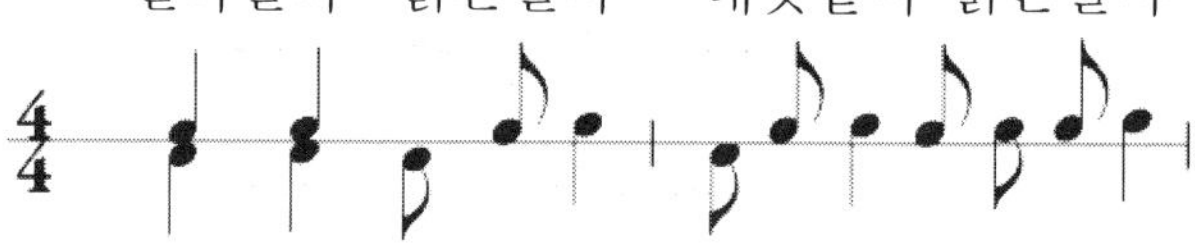

어둠속의 별 빛 이 우리네를 비춰주네

이번 장에서는 유아들이 알아야할 인사 장단·굿거리·세마치·자진모리·단모리 장단 등을 알아보았습니다. 각 장단마다 구음중심 악보, 유아장구 악보, 음표중심 악보를 익혀보고 활용방법과 활용작품을 소개하였습니다. 유아에게 맞는 방법을 찾아 익히면 됩니다. 장단모음은 지금까지 익힌 장단을 작품으로 만들어 본 것입니다. 활용해 보세요.

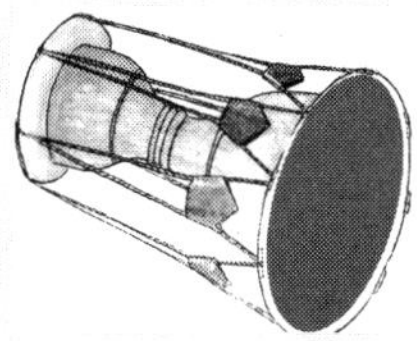

부 록

1. 장구주제별 활동계획안
2. 연간교육계획안
3. 제7차 교육과정 음악교과서 제재곡
4. 칠교놀이
5. 강강술래
6. 탈춤
7. 기타 자료

1. 장구 주제별 활동 계획안

앞에서 익힌 다양한 활동들을 영역별로 구분하여 작성 하였습니다. 앞에 소개된 내용을 찾아 영역별로 활용해 보세요. 미술영역 · 동화 동시 · 음률 · 언어 · 조작 · 수학 · 역할 동극 · 과학 · 신체 활동 · 쌓기 · 기본생활 습관입니다. 많은 영역을 다뤄야 되는 부분이므로 본 교제를 바탕으로 단행본으로 집필 중에 있습니다.

쌓 기	언 어	과 학
* 장구 세우기(준비자세)	* 구음 장단법 * 쿵 · 덕 · 떵 * 악기구조명칭(그림과 연결) * 말장단(리듬에 말붙이기)	* 조이개 움직여보기 * 장구 쳐보기 * 장구 채 쥐어보기 * 장구 구조노래 익히기 (아리랑 노래를 통해)
역할 · 동극	장구	**동화 · 동시**
* 장구 이야기 * 음향효과를 장구 소리로 표현하기		* 장구 이야기 * 장구에게 편지쓰기 * 동시짓기
수학	**조 작**	**신체활동**
* 장구 가죽은 몇 개일까요? * 장구채는 몇 개일까요? * 정간보를 읽어보자 (△)	* 장구 퍼즐 맞추기 * 장구 구조를 노래로 익히기 (아리랑 장구 놀이) * 장구만들기	* 장단 듣고 움직이기 (빠른 장단, 느린 장단) * 장단별 발 댄스 * 리듬 듣고 뛰기 * 그룹장단 통한 몸동작
기본생활 습관	**미 술**	**음률**
* 장단에 맞춰 걸어보기	* 장구부호 그림 그리기 * 장구 그림 색칠 * 악기구조 그림그리기	* "장구놀이" 노래 익히기 * "하나하면 장구가" * 아빠소리 · 엄마소리

1) 미술영역

① 장구그림 색칠
② 부호 이용한 그림그리기
③ 장구구조 설명
④ 사물악기전시 장구와 비교
⑤ 악기 만들기
⑥ 악기 만들어서 쳐보기
⑦ 부호 색깔 통일하기
⑧ 장구가면 만들기
⑨ 구음부호 머리띠 만들기

2) 동화 · 동시

① 장구나라 이야기
② 장구에게 편지쓰기
③ 동시 짓기

3) 음률

① 장구 익히기 노래 : 나는 장구, 장구모양아리랑, 장구놀이, 장구치면 소리가, 너는 내 친구, 무슨 소리 날까요?
② 리듬 익히기 : 3박자 계열 리듬, 강 · 약, 느리고 · 빠르게
③ 장구소리 듣기 : 궁편 소리 알아보기, 채편소리 알아보기, 장단 듣고 따라 움직이기

4) 언어

① 장구 구조 읽기
② 몸의 구조와 비교하여 장구 구조 설명
③ 리듬에 단어 붙이기 : 3박자 계열의 리듬
④ 구음 장단법
⑤ 장단에 말붙이기 : 말 리듬 익히기

5) 조작

① 장구퍼즐 맞추기
② 장구채 쥐어보기 : 아리랑 노래 활용, 장구놀이
③ 장구구조 붙이기
④ 장구만들기

6) 수학

① 장구가죽 몇 개?
② 장구채 몇 개?
③ 장구장단 · 삼각형 장단

7) 역할 · 동극

① 장구이야기 극으로 꾸미기
② 내가 장구부호 되기(쿵. 덩. 떵) : 장단 지도 시 그룹으로 나누어 활용
③ 장구 부호 그림 모아 이야기 해보기

8) 쌓기

① 장구 바르게 세우기

9) 과학

① 조이개 움직여 보기 : 조이개 오른쪽으로 가면 소리 높아진다. 줄이 팽팽해지고 줄이 짧아지면서 높은 소리 난다
② 장구통이 비어있다: 울림의 역할
③ 장구채 쥐기 : 왼손 궁채 다른 쪽으로 넘어감, 열채 넘길 수 없음

10) 신체활동

① 장단 듣고 몸 움직이기 : 자진모리장단 듣다 모두 멈추기
큰소리 · 작은 소리, 빠르게 · 느리게, 엑센트 위치, 손들기 · 발들기 · 밀기 · 뛰기 등

② 장구구음 게임하기 : 바닥에 장단을 붙여놓고 구음을 부르면서 간다
③ 리듬 듣고 뛰기
④ 그룹장단 통해 몸동작 하기
⑤ 장구춤 · 소고춤 · 전래놀이 · 강강술래 등

11) 기본생활 습관

① 장단에 맞춰 걸어본다 : 굿거리, 세마치, 자진모리, 단모리 장단
② 교사가 장단을 쳐준다 : 정리정돈

2. 연간교육계획안

월	국악이론 및 악기탐색	장구	강강술래 · 탈춤	음악 감상
3월 나와 유치원	국악의 특징 국악의 종류 우리악기 우리 춤 · 노래	장구 구조 설명 장구 퍼즐 장구 쓰임새 장구 연주 자세	강강술래?	세계의 전통음악 몽골 · 일본 · 중국
4월 봄 건강한 몸	장구악기 탐색 장구악기 이야기 장구 감상 장구 그려보기	인사장단(말공부) 쿵익히기 덕익히기 덩익히기	강강술래 노래익히기 감상	강강술래
5월 우리가족 및 우리 동네	소고악기 탐색 소고다루기 소고춤 감상 소고 만들기	유아장구 악보 익히기	남생아 놀아라 멍석몰기	국악동요 · 판소리
6월 동물	사물악기이야기 악기 탐색(구조) 특징 사물놀이 감상	굿거리장단 풍년가 노래 익히기 굿거리장단(말장단) 풍년가 장구치기	개고리타령 고사리꺽기	풍년가
7월 여름	가야금이야기 악기탐색(구조) 소리탐색(감상) 악기퍼즐 맞추기	세마치장단 아리랑 노래 익히기 세마치 장단(말장단) 아리랑 장구치기	청어엮기 문지기	가야금 · 아리랑
8월 방학	해금이야기 악기 탐색(구조) 소리 탐색(감상) 악기퍼즐 맞추기	자진모리 장단 꼭두각시 감상 꼭두각시 율동만들기 꼭두각시 장구치기	꼬리따기 기와밟기	해금 · 꼭두각시
9월 가을 교육기관	대금이야기 악기 탐색(구조) 소리 탐색(감상) 악기퍼즐 맞추기	단모리장단 옹헤야 노래익히기 옹헤야 장구치기	손치기 발치기	대금 · 옹헤야
10월 우리나라와 세계 여러 나라	타악기 종류 알기 악기 탐색(구조) 소리 탐색(감상) 악기퍼즐 맞추기	사물놀이 장단 익히기 (굿거리)	탈춤?	사물놀이 · 탈음악
11월 도구와 기계	관악기 종류 알기 악기 탐색(구조) 소리 탐색(감상) 악기퍼즐 맞추기	사물놀이 장단 익히기 (세마치)	탈의 종류 탈 만들기 한삼 만들기	피리 · 단소
12월 겨울	현악기 종류 알기 악기 탐색(구조) 소리 탐색(감상) 악기퍼즐 맞추기	사물놀이 장단 익히기 (자진모리)	탈춤 추기 불림 사위 고개잡이 다리들기	거문고 · 아쟁
1월 환경	8음: 금 · 석 · 사 · 죽 악기 탐색(구조) 소리 탐색(감상) 악기퍼즐 맞추기	사물놀이 장단 익히기 (단모리 · 별달거리)	황소걸음 외사위 겹사위 양사위	징 · 북 · 꽹과리
2월 지구와 우주	8음: 포 · 토 · 혁 · 목 악기 탐색(구조) 소리 탐색(감상) 악기퍼즐 맞추기	사물놀이 장단 총 복습	앉아뛰기 외사위 앉아뛰기 겹사위 앉아뛰기 양사위	영산회상 · 가곡 · 시조

3. 제7차 교육과정 음악교과서 제재곡

학년	메나리	육자배기	경서도	제주	창작	감상
초1	· 새는 새는 · 두꺼비집이 여물까	· 남생아 놀아라			· 우리 형제 · 꾀꼬리노래	· 풍물놀이 · 흥부놀부
초2	· 꼭꼭 숨어라 · 우리 마을 · 벌아벌아꿀떠라 · 월워리 청청	· 덕석몰기 · 에놀데농 · 둥개둥개둥개야 · 비자나무 · 대문놀이			· 어깨동무 · 여름밤 · 새쫓기	· 꼭두각시 · 풍물놀이
초3	· 실구대소리 · 메롱이소리 · 자장가	· 청어엮자 · 새야새야	· 아리랑		· 참새노래 · 허재비	· 명주모내기 · 가야금독주곡 '숲' · 풍물놀이 · 판소리
초4	· 나물노래 · 새노래	· 강강술래	· 도라지타령 · 천안삼거리 · 금다래꿍		· 그네 · 뒷산에 올라	· 춘앵전 · 사물놀이
초5		· 고사리 끊자 · 떡노래	· 늴리리야	· 멸치 잡는 노래	· 봄이 가고 여름 오면 · 맑은 물 흘러가니 · 아침해	· 대취타 · 여러 지방 민요 · 시나위합주
초6	· 쾌지나칭칭나네	· 둥당기 타령 · 거문도 뱃노래	· 풍년가 · 싸름		· 개구리소리 · 끼리끼리	· 산조 · 극음악 · 수제천 · 수심가 · 청성곡 · 취타
중등 공통	· 울산아가씨 · 한오백년 · 뱃노래 · 밀양아리랑 · 쾌지나칭칭나네 · 상주모심기소리 · 강원도 아리랑 · 개구리소리 · 치기나 칭칭 · 옹헤야	· 새타령 · 진도아리랑 · 자진농부가 · 강강술래 · 콩꺽자콩꺽자 · 자진뱃노래 · 둥당애 타령 · 기와밟기 · 쥔쥐새끼 · 물레타령 · 까투리타령 · 들강달강	· 경복궁타령 · 늴리리야 · 한강수타령 · 도라지타령 · 풍년가 · 몽금포타령 · 군밤타령 · 박연폭포 · 싸름 · 새야새야 · 훨훨이 · 풍구소리 · 베틀노래	· 이어도사나 · 너영나영 · 오돌또기	· 도래춤 · 콩새야 팥새야 · 풍년의 합창 · 대금소리 · 산도깨비 · 나물타령 · 바다의 행진 · 꽃분네야 · 풍물굿 · 세상달궁 · 농악 · 삼채놀이	

4. 칠교놀이

1) 개 요

일곱 개 조각을 가지고 하는 칠교는 5000여 년 전 부터 중국에서 시작된 것으로 알려져 있는데, 지금은 전 세계에서 모두 즐기고 있는 놀이가 되었다.

칠교가 이렇게 오랫동안 같은 형태로 여러 지역에서 행해지는 이유는 놀이 자체가 완벽한 방법을 가지고 있고 또한 거기에서 창작의 기쁨을 누리기 때문일 것이다.

이 놀이는 사고력을 자극하는 효과를 가져 여러 가지 사고 능력발전에 큰 도움을 준다. 어른들과 아이들이 함께 즐길 수 있는 놀이이다.

2) 놀이방법

정사각형을 일곱 개의 조각으로 자른 후 일곱 조각으로 여러 가지 모양을 맞추거나 창작해 본다.

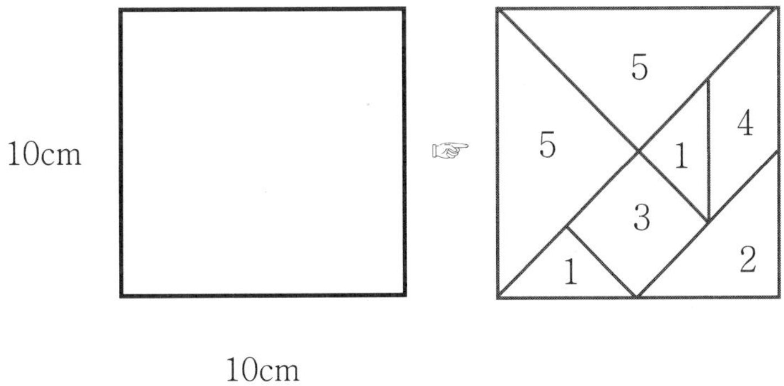

3) 효과

일곱 개의 조각을 맞추면서 상상력과 조작능력을 기를 수 있고 공간에 따라 이리저리 움직이면서 공간지각 능력 및 조형적 감각, 미적 감각을 기를 수 있다. 그리고 무엇보다도 칠교놀이는 창의력 발달에 많은 도움을 준다.

4) 도형 놀이

①
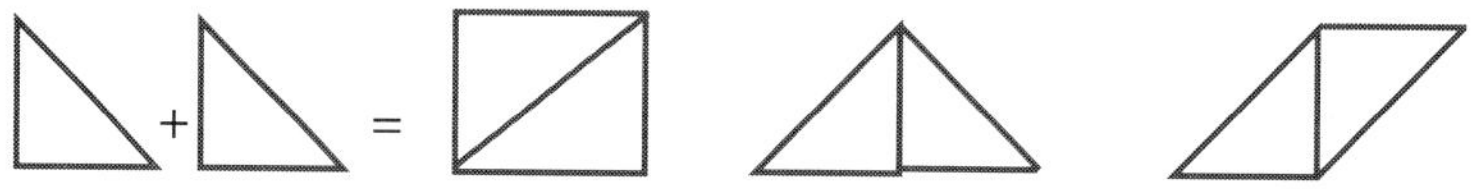

②
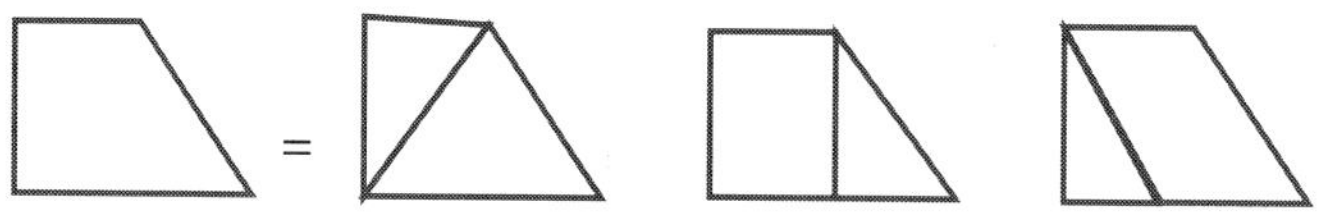

③
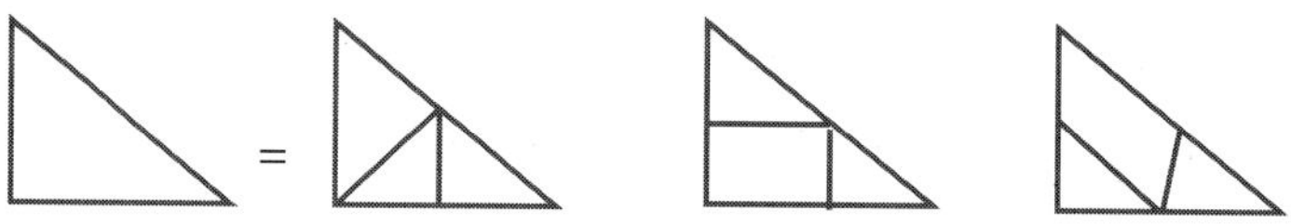

④

⑤
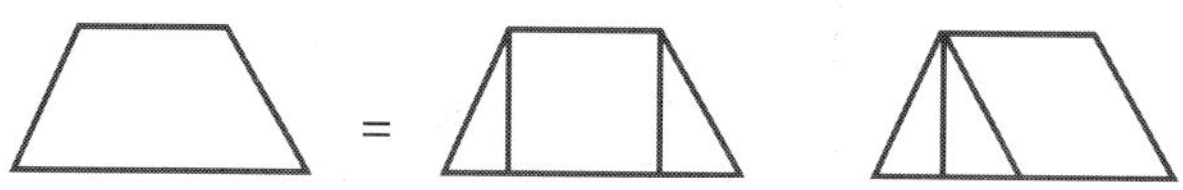

⑥

5) 숫자놀이

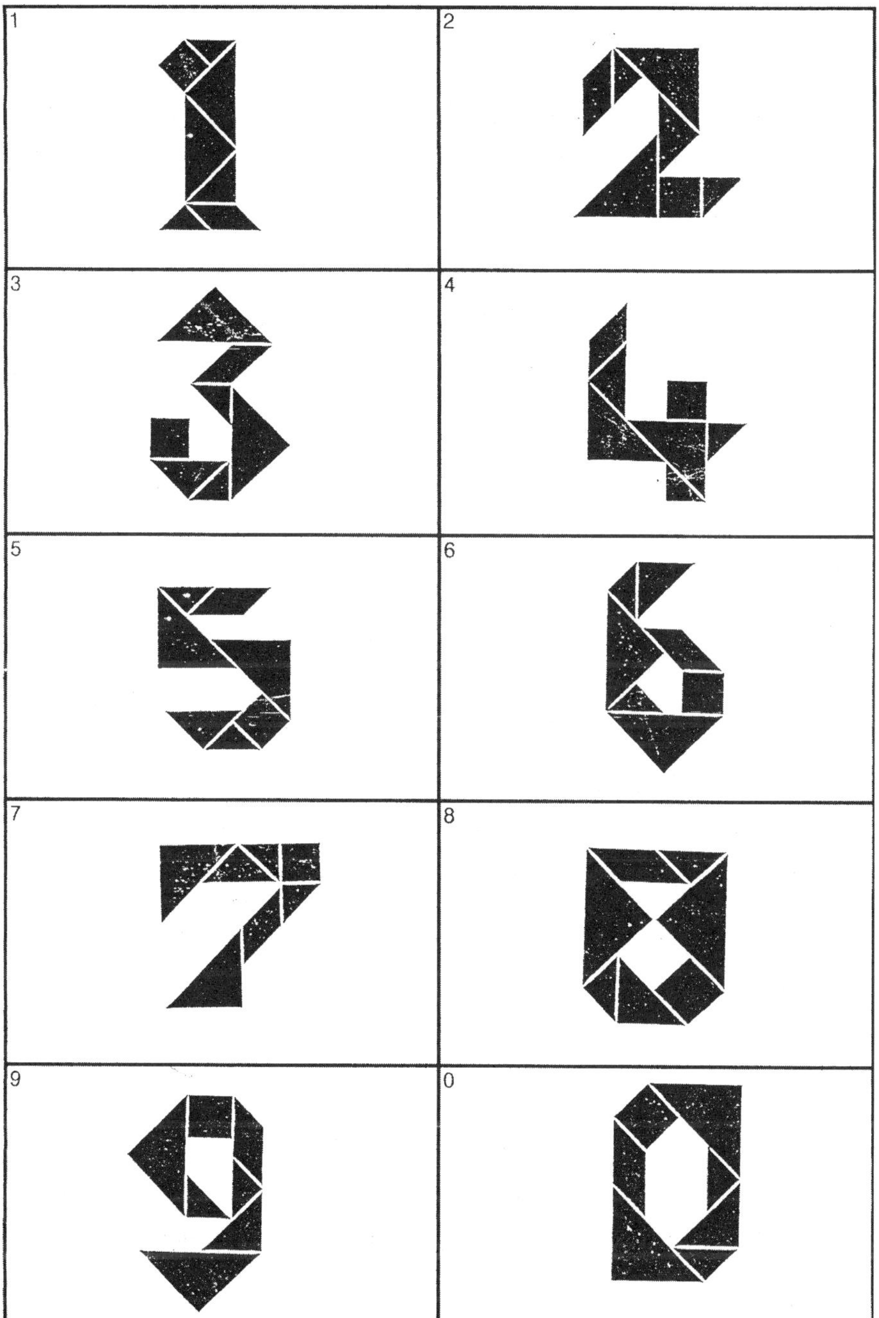

5. 강강술래[1)]

1) 강강술래

강강술래는 중요무형문화재 제8호로, 해마다 음력8월 한가윗날 밤에, 곱게 단장한 부녀자들이 수십 명씩 일정한 장소에 모여 손에 손을 잡고 원형으로 늘어서서, '강강술래'라는 후렴이 붙은 노래를 부르며 빙글빙글 돌면서 뛰어노는 놀이이다.

이 놀이는 주로 한가윗날 밤에 놀았지만, 지방에 따라서는 정월 대보름 밤을 비롯해서 봄・여름・가을・겨울 어느 때든지 달 밝은 밤에 수시로 놀아왔다. 또한 놀이꾼들도 여인네들에 국한하지 않고 요즘에는 남자들과 함께 어울려 놀기도 한다.

2) 특징

가. 기본 대형이 원이며 이것은 놀이에 참가하는 사람은 누구나 평등한 관계임을 말한다.

나. 손을 잡고 마주보며 놀이를 하기 때문에 춤을 추는 사람들과의 관계가 중심이 된다.

다. 다른 나라 원무와는 다르게 처음엔 쉬운 놀이에서 어려운 놀이로 다양하게 이어지고—느린 가락(진양조)에서 점점 빠르게 진행된다.

라. 놀이에 모두가 주인으로 참여하여, 어느 한 사람 그냥 서있거나 구경하는 상황을 만들지 않는다.

3) 활용방법

강강술래에 나오는 놀이나 노래는 초등교과과정에 많이 수록되어 있다. 초등 연계과정으로 유아들에게 활용할 수 있는 좋은 곡이며 유아들이 함께 협동할 수 있게 해주는 곡이기도 하다. 유치원에서 채육대회나 부모 참여수업에서 활용해 볼 수 있다.

---

1) 윤명원・주태원,「교대・사대생을 위한 국악교육지도법」 국악춘추사. 2004.86-87쪽

4) 놀이의 순서

순	놀이	장단	설명
1	늦은 강강술래	진양	둥글게 원을 만들어 오른쪽으로 천천히 돈다.
2	중 강강술래	중중모리	늦은 강강술래와 같으며, 조금 빨리 걷는다.
3	잦은 강강술래	자진모리	양팔을 쭉 뻗쳐 원을 넓히며 원을 돈다.
4	남생아 놀아라	자진모리	원으로 돌다가 선소리가 "남생아 놀아라" 하면 뒷소리가 촐래촐래가 잘 논다"로 주고받으면서 서너 사람 정도가 원 속으로 뛰어 들어가 남생이 흉내를 낸다.
5	개구리타령	자진모리	원의 가운데를 보고 앉아서 노래 가사와 잘 어울리는 재미있는 동작을 한다.
6	고사리 꺾자	자진모리	개구리 타령의 앉은 상태에서 선두가 일어나 왼쪽으로 돌아 다른 사람의 팔위로 도는데, 꿇어 앉아 있는 모습은 고사리를 흉내낸 것이고 차례로 팔위를 넘어가는 것이 고사리를 꺾는 모습을 흉내낸 것이다.
7	청어 엮기(풀기)	자진모리	앞소리가 나오면 그대로 일어서 멈춘다. 선두가 오른손을 놓고 둘째 사람과 맞잡은 왼손 밑을 꿰어간다. 청어풀기는 엮을 때와 반대로 풀어간다.
8	덕석 몰기(풀기)	자진모리	"물자 몰자 덕석 몰자"하며 시계 반대 방향으로 덕석을 몰아 원의 중심까지 갔다가 '풀자 풀자 덕석 풀자'하며 풀어 나온다.
9	기와 밟기	중중모리	덕석 풀기가 끝나고 둥근 원무 상태가 된 채 돌다가 선두가 앞사람과 잡은 오른손을 놓고 일렬로 끌고 나간다. 한 줄로 엎드려 고개를 왼쪽으로 돌려 앞사람 허리에 바짝 붙이고 앞 사람의 허리를 잡아 숙이면, 그 위로 한 사람이 밟고 지나간다.
10	대문 열기	자진모리	두 사람이 손을 맞잡아 문을 만들면 다음 사람들이 그 밑으로 들어간 뒤 또 문을 만든다.
11	꼬리 따기	자진모리	대문열기가 끝나면 자연스레 두 편이 되는데, 맨 앞의 사람이 다른 편 줄의 맨 뒷 꼬리를 잡으면 그편이 이기게 된다.
이 후에 긴 강강술래로 넘어가거나, 다시 중 강강술래로 넘어간 뒤 끝을 내기도 한다.			

∴ 참고곡: 예전미디어「점아점아콩점아」

6. 탈춤

1) 유래

탈춤은 우리나라 고유의 것이 아니라 신라시대에 서역에서 들어와 향토적으로 동화를 이룬 것이다. 오기와 백제사람 미마지가 오나라에서 배워온 기악무에 기원을 두고 있다.

2) 종류

강릉단오굿과 관놀음, 하회별신굿, 북청사자놀이, 양주별산대, 송파산대놀이, 봉산탈춤, 강령탈춤, 은률탈춤, 고성오광대, 통영오광대, 가산오광대 등이 있다.

3) 봉산탈춤

타령장단

덩			덕		기	덩		딱	얼		쑤

입장 : 한줄로 입장
오른팔을 접어서 얼굴을 가리고 빠른 걸음으로 나온다.

대사 : 앞을 보고 서서 팔을 휘저으며 대사를 한다.
"아-쉬 아-쉬쉬-이 나로 말할 것 같으면 ○○에서 온 ○○인데 이렇게 좋은 친구들을 만났으니 어디 한번 놀고 가련다."

불림 : 낙양동천 이화정(엄마 아빠 사랑해)
S 형태로 높이 뛰며 "엄마 아빠 사랑해" 노래한다.

순서 :

① 고개잡이 : 제자리에 서서 (오른쪽x2, 왼쪽x2 -오른쪽1, 왼쪽1번씩)

② 다리들기 : 한삼 어깨에 메고 몸 틀면서 오른발 들기(오른쪽, 왼쪽)

③ 황소걸음 : 한삼 어깨어 메고 z 모양으로(앞으로x4, 뒤로x2)

④ 외사위 : 오른손 오른발 왼손 왼발(오른손, 왼손)

⑤ 겹사위 : 외사위를 한쪽방향으로 2번씩(오른손x2, 왼손x2)

⑥ 양사위 : 양팔을 같이 뿌린다.

⑦ 황소걸음(또는 불림사위)

⑧ 앉아뛰기 외사위

⑨ 앉아뛰기 겹사위

⑩ 앉아뛰기 양사위

∴ 참고곡: 2000년 국악동요제『탈춤놀이』작사: 정구성, 작곡: 이성동

4) 탈춤놀이

5) 탈

7. 기타 자료

1) 장단 부호

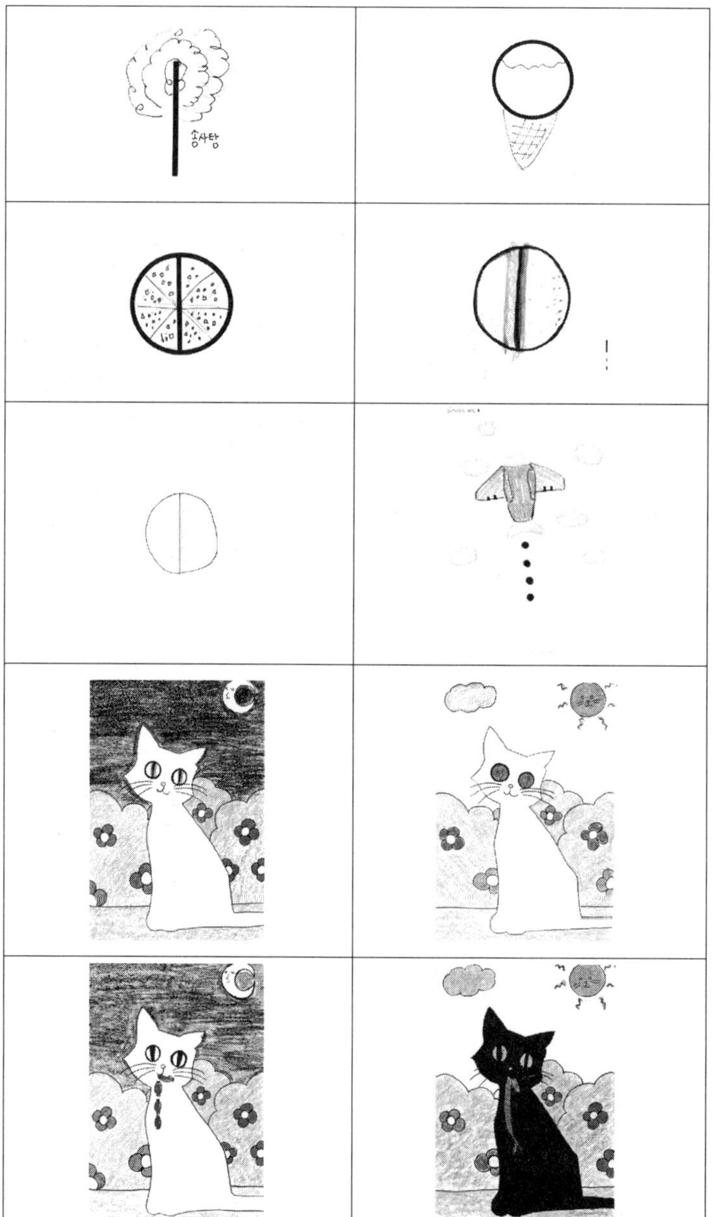

2) 유아 편지

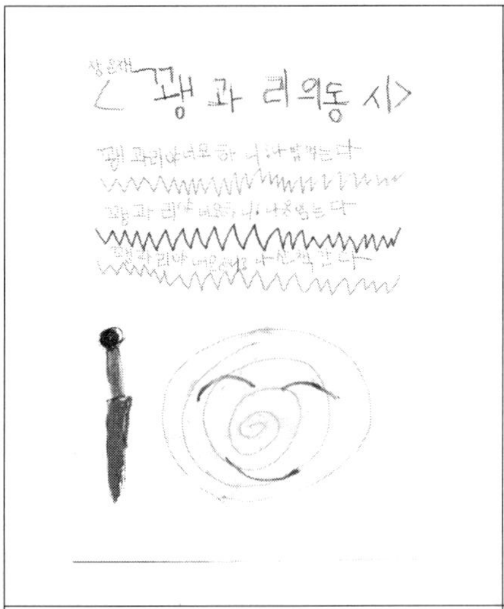

장구야 사랑해

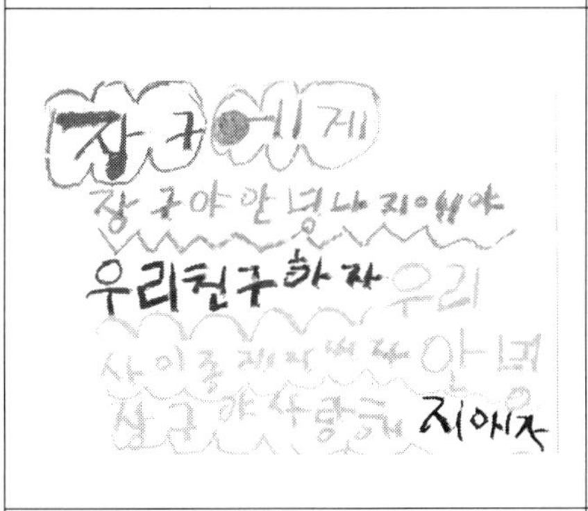
장구에게
우리친구하자 우리

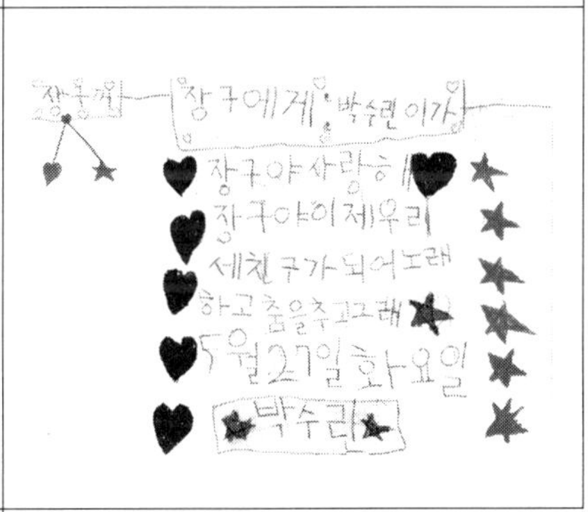
장구에게 박수린이가
장구야사랑해
장구야이제우리
세친구가되어노래
하고춤을추고그래
5월27일화요일
박수린

3) 학습교구

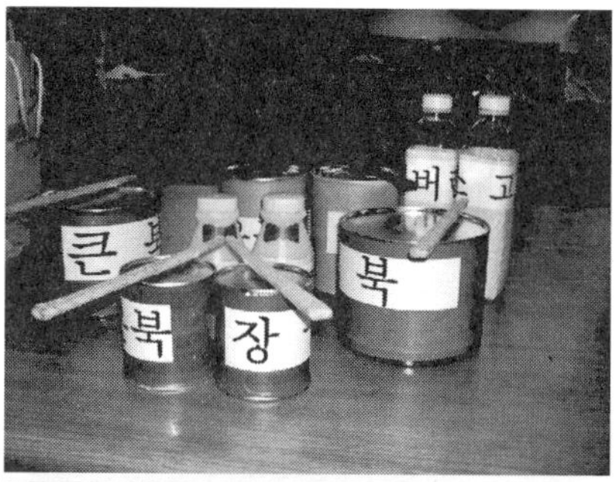

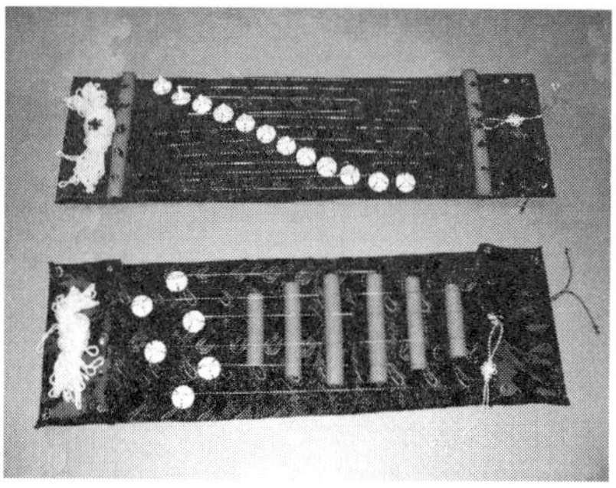

참 고 문 헌

기청(1995). 어화둥둥 두리둥둥 이야기 국악. 새광.

김애영. 덩더꿍 노래나라. 비매품

국립국악원 국악연구실(2000). 국악동요제. 예성출판사.

문재숙(2009). 이해하며 사랑하는 한국음악. 민속원.

서한범(1995). 국악통론. 태림.

송혜진(2002). 국악 이렇게 들어보세요. 다른세상.

송혜진(2002). 한국악기. 열화당.

송혜진(2007). 청소년을 위한 한국음악사(국악편). 두리미디어.

송혜진·박원모(2006). 악기장-국립문화재연구소. 민속원.

엄성은(2001). 애들아 전래동요 부르자. 현대음악출판사.

윤명원·주태원(2004). 교대·사대생을 위한 국악교육지도법. 국악춘추사.

이성천(1995). 알기쉬운 국악개론. 풍남

임신화(2000). 아동음악과 율동. 비매품.

임신화(2002). 보육교사 실기교육. 경기보육교사 교육원.

임신화(2002). 재미있는 유아국악. 비매품.

임신화(2003). 재미있는 유아국악Ⅱ(장구). 비매품.

임신화(2003). 유치원 1급 정교사 자격연수. 충청남도 교육연수원.

유아를 위한 전통문화교육활동 지도자료.-교육부

정성자(2000). 교육현장에 필요한 국악작품집. 창지사

- 학습 자료 및 사진-

1. 보람유치원 유아들의 학습자료·사진
2. 학여울 유치원 유아들의 사진
3. 성복초등학교 학습자료
4. 상현초등학교 학습자료·사진
5. 백석 예술대학 유아교육과 학습자료·사진
6. 부천대학교 유아교육과 학습자료·사진

   삽화: 최리나

저/자/약/력

❀ 임 신 화

• 학력

이화여자대학교 국악과 졸업(가야금)

건국대학교 교육대학원 졸업(음악교육학 석사)

이화여자대학교 대학원 졸업(한국음악학 석사)

• 경력

전) 군산대, 명지대 사회교육원, 천안대 대학원, 서울기독대학

무지개, 해리, 서연, 학여울, 유화, 신안, 보람 유치원 강사

충남 교육청 유치원교사 1급 자격연수 강사

경기보육교사교육원 유아국악 강사

경기동부보육교사교육원 강사

현) 이화여자대학교, 백석예술대학교, 국제대학교 출강

중요무형문화재 제23호 가야금 병창 및 산조 이수자

사) 예가회, 송죽회 회원

• 주요 논문

유아 국악교육의 현황에 관한 조사연구(교육학 석사학위 논문)

권번과 개인교육의 교육과정 연구(한국음악학 석사학위 논문)

유아 국악지도 방법론

•

초판 2쇄 인쇄－2015년 8월 20일

초판 2쇄 발행－2015년 8월 30일

•

저 자－임 신 화

발행인－김 의 용

발행처－교육아카데미

주 소－서울시 성북구 석관동 77-37

전 화－(02) 3142－9924(代)

(02) 967－9947

팩 스－(02) 967－9948

E－mail : educa9937@naver.com

등록 : 1996년 9월 6일 No.2 : 2243

•

정가 16,000원